经典双语晨读

主　编　　李立金　　王美丽
副主编　　陈堇妍　　张丽君
编　委　　蔡　萍　　陈思旎　　黄　函
　　　　　黄晓锋　　江　红　　季美珍
　　　　　李松屹　　李　翔　　李馥荑
　　　　　梅　兰　　宋烨君　　任丹吉
　　　　　沈雪珍　　唐　玮　　吴萍萍
　　　　　吴忠海　　姚荣红　　叶　媚
　　　　　张宁绒　　郑　瑜

北京理工大学出版社
BEIJING INSTITUTE OF TECHNOLOGY PRESS

版权专有　侵权必究

图书在版编目（CIP）数据

经典双语晨读 / 李立金, 王美丽主编. -- 北京：北京理工大学出版社, 2021.7
　　ISBN 978-7-5682-9990-9

Ⅰ. ①经… Ⅱ. ①李… ②王… Ⅲ. ①阅读课－中等专业学校－教学参考资料②英语－阅读教学－中等专业学校－教学参考资料　Ⅳ. ①G634.333②G634.413

中国版本图书馆CIP数据核字（2021）第133929号

出版发行 / 北京理工大学出版社有限责任公司
社　　址 / 北京市海淀区中关村南大街5号
邮　　编 / 100081
电　　话 /（010）68914775（总编室）
　　　　　（010）82562903（教材售后服务热线）
　　　　　（010）68944723（其他图书服务热线）
网　　址 / http://www.bitpress.com.cn
经　　销 / 全国各地新华书店
印　　刷 / 定州市新华印刷有限公司
开　　本 / 889毫米 × 1194毫米　1/16
印　　张 / 12.5　　　　　　　　　　　　　　　　　责任编辑 / 王梦春
字　　数 / 208千字　　　　　　　　　　　　　　　文案编辑 / 武丽娟
版　　次 / 2021年7月第1版　2021年7月第1次印刷　责任校对 / 刘亚男
定　　价 / 39.00元　　　　　　　　　　　　　　　责任印制 / 边心超

图书出现印装质量问题，请拨打售后服务热线，本社负责调换

Introduction 序言

  初翻本书，即被那精美的编排所吸引，这是一朵盛放的花；细品本书，又被那芬芳的文字所陶醉，这是一道美味的菜；精品本书，再被那动听而有内涵的配读所折服，这是一首共情的歌。

  这是一本落实立德树人的根本任务、弘扬社会主义核心价值观的道德修养书。"读书与辩证""修身与自省""父母与孝道""师恩与友情""技艺与传承""家园与情怀"六大主题的选文独具匠心，涵盖人与自身、社会及职业生涯等关系的探讨。特别是"深稽博考"部分，结合了前人对文本的解读，并在此基础上联系学生实际，力求对中职生正确价值观的形成产生积极引导作用。

  这是一本提高学生的人文素养、实现学科的有机融合，体现职教特色的新型实用书。每篇文章都设置了"信雅互译"部分，其中中英或英中译文紧贴中职生的英文水平，针对性强，能够有效弥补中职生英文水平低下的短板，促进学生双语能力的提升。

  这是一本弘扬中华优秀文化、提高学生审美鉴赏能力的书。"美就在身边，美需要发现，美更要表达。"本书配套资源有每篇文章的示范音频，国家级普通话测试员那情感真挚的优美诵读，带领同学们走进作者丰富多彩的情感世界；外教那字正腔圆的纯正英文发音，引导同学们领略独特新奇的异域风情。

《经典双语晨读》图文声并茂，让我们一起来享用一场五官和心灵高级享受的"盛宴"吧！

郑丽丹

Preface 前言

读万卷书，行万里路。通过阅读，人们可以领略不一样的心境，体会不一样的人生，获得不一样的领悟。近年来《朗读者》大热，长久积蓄的文字力量以朗读的形式渗透在人们的生命里，直达心底。"一日之计在于晨"，于琅琅书声中品味古圣先贤的智慧言语，感触文字的温暖力量，开启一天的校园生活，这是多么美好的画面呀！

由于晨读资源开发不够，目前中职学校学生的晨读课堂都是以读课本为主，且对语文和英语的朗读安排习惯于平行没有交集。其实语言是互通交融的，培养学生的语言运用能力和提高文化核心素养是语文和英语学习的共同宗旨，不同的语言交流更有利于打开不同的视角，双语晨读教材的开发是新时代、新背景下的一种新尝试。

本书编者结合多年教学经验，针对中职生的阅读水平和职业要求，收集一些适合晨读的美文，编写了本书，旨在让中职学生晨读有内容、学习有延伸、素养有提升。本书内容分为读书与辩证、修身与自省、父母与孝道、师恩与友情、技艺与传承、家园与情怀六大主题，涵盖人与自身、社会及职业生涯等关系的探讨。每章共10篇文章，每篇文章围绕美文吟诵中的核心文章，附加左辅右弼（注音与注释）、信雅互译（包括文言文与白话文、散文部分句子中英互译及诗歌全篇中英互译）、深稽博考（编者及历来文人对文章的解读)、其人其文(作者及作品背景介绍)、俯拾仰取(学生自填的留白)5个板块,内容长度适中、难度合宜,旨在提升学生双语学习兴趣。

本书最大的特色是双语结合,但又各有侧重。每个单元紧扣主题,以"2(经典文言文)+4(英语美文)+4(汉语美文)"编制选材,且每篇文章的解读有意识地强化对中职生的知识文化、思维品质、价值观念等的培养。

第二亮点是6个单元的60篇文章都配有范读音频资料,中文篇目由国家级普通话测试员范读,英文篇目则由英文外教范读。中职学生通过本书的学习,既能提高中英文朗读技巧、丰富相关英语词汇,又能了解跨文化知识与表达,为今后用英语说好中国故事、用文化内涵阐述职业理念奠定良好的基础,切实提高双语能力。

本书的编写团队集合了丽水市职业高级中学、德清职业中专、杭州市富阳职业高级中学、龙泉市中等职业学校、云和职技校、宁波市奉化工贸旅游学校和绍兴职业中专等浙江省多所中职校的经验丰富的一线教师,具体分工如下:李立金、王美丽担任主编;陈堇妍、张丽君担任副主编;蔡萍、陈思旎、黄函、黄晓锋、江红、季美珍、李松屹、李翔、李馥荚、梅兰、宋烨君、任丹吉、沈雪珍、唐玮、吴萍萍、吴忠海、姚荣红、叶媚、张宁绒、郑瑜担任编委。

本书在编写过程中,广泛参阅了有关专家和学者的大量文献资料,在此,对这些文献资料的作者表示衷心感谢。由于编者水平有限,时间仓促,书中难免会有疏漏和不足之处,恳请读者批评指正。

编 者

目录 content

第一章 思而行远
读书与辩证篇
On Reading & Reason

勉学（节选）	2
推　敲	4
读书三境界	6
读书和扔书	8
观书有感（其一）	11
劝学诗	13
Of Studies（Excerpts）	15
Companionship of Books（Excerpts）	18
A Book	21
He Ate and Drank the Precious Words	24

第二章 以人为镜
修身与自省篇
On Self-cultivation & Introspection

生于忧患，死于安乐	28
修身齐家治国平天下	30
落花生	32
人是一根能思想的苇草（节选）	34
生命的驿车	36
我们去寻找一盏灯	39
To Be or Not to Be (Excerpts)	43
True Nobility	46
Dreams	49
The Road Not Taken	51

第三章 真诚赤子
父母与孝道篇
On Parents & Filial Piety

"入则孝"	56
五不孝	59
秋天的怀念	61
奇迹的名字叫父亲	64
游子吟	67
你是人间的四月天	69
A Mother's Letter to the World	72
A Father's Love（Excerpts）	75
On Children	78
The Song of the Old Mother	81

第四章 弦歌一堂
师恩与友情篇
On Teachers & Friends

伯牙善鼓琴	85
师友箴（并序）	87
友情是相知	89
开放在小河边的微笑	92
送杜少府之任蜀州	95
友　谊	97
How I Discovered Words (Excerpts)	100
On Friendship (Excerpts)	103
A Teacher for All Seasons	106
Auld Lang Syne	109

技艺与传承篇
On Craftsmanship & Inheritance

庖丁解牛	114
核舟记	117
匠心之道"守破离"	121
一生只忠诚于一件事	124
铁　匠	127
李凭箜篌引	130
So Many Jobs to Choose From (Excerpts)	133
If I Rest, I Rust (Excerpts)	136
Results and Roses	139
We Are on a Journey (Excerpts)	142

家园与情怀篇
On Homeland & Sentiment

范仲淹有志于天下	146
班超投笔从戎（节选）	148
月是故乡明	150
故乡的野菜	153
沁园春·长沙	156
我的心爱着世界	160
Riders on the Earth Together (Excerpts)	164
Youth	167
The Home	170
A Psalm of Life（Excerpts）	173

各章生词和习惯用语
Words and Expressions in Each Chapter

参考文献
Bibliography

朗读技巧
Reading Skills

一、文言文朗读	189
二、古代诗歌（格律诗）朗读	190
三、现代诗歌朗读	190
四、散文阅读	190

第一章 思而行远

On Reading & Reason
读书与辩证篇

Reading is to the mind what exercise is to the body.
阅读之于心灵，犹如运动之于身体。

by Joseph Addison

prologue 章节前言

好书如挚友，是我们有涯生命中不可或缺的陪伴。读书是易事，思索却是难事，两者但凡缺一，便全无用处。正如作家弗吉尼亚·伍尔夫说的，读书不是为了雄辩和驳斥，也不是为了轻信与盲从，而是为了思考与权衡。

我们品味《勉学》和《推敲》之深意，力求《读书三境界》之远见，学会《读书与扔书》之方法。我们吟诵《观书有感》与《劝学诗》，保持少年般的热爱与热血。热爱与热血？是的，正当如此，多读书、读好书，远不如好读书。我们也应形成自己独有的《读书论》（*Of Studies*），并且乐于《以书为伴》（*Companionship of Books*），进而愉快地畅游书海，以文为餐、以诗佐酒（*He Ate and Drank the Precious Words*）。

美文吟诵 To appreciate & read aloud

勉学（节选）

作者　颜之推

选自《颜氏家训》

古之学者[1]为己，以补不足也；今之学者为人，但能说[2]之也。古之学者为人，行道以利世也；今之学者为己，修身以求进[3]也。夫学者犹种树也，春玩其华[4]，秋登[5]其实；讲论文章，春华也，修身利行，秋实也。

左辅右弼 To understand & interpret

[1] 学者：求学的人
[2] 说（shuō）：炫耀夸说
[3] 进：进仕，做官
[4] 华：同"花"，花朵
[5] 登：同"得"，摘取

信雅互译 To appreciate & translate

古代求学的人是为了充实自己，以弥补自身的不足；现在的人学习是为了取悦别人，只求能向他人炫耀。古人学习是为了别人，推行自己的主张以造福社会；现在的人学习是为了自己，提高自己的学问修养以谋取官位。学习就像种树，春天可以观赏花朵，秋天可以收获果实；讲演谈论文章，就如同赏玩春花；修身造福社会，就如同摘取秋果。

深稽博考 To learn further & better

《颜氏家训·勉学》开宗明义："自古明王圣帝，犹须勤学，况凡庶乎！"不论何种社会地位，任何一个人都需要不断学习。本篇选段是《颜氏家训》中较为经典的片段，题为勉学，即劝人努力学习。

文章先指出古今学者的学习目的不同，后以种树为喻，认为讲论文章是春华，修身利行是秋实。这短短几行文字，颜之推以古今对比、春华秋实作喻，是为劝人向学。不读书、不学习，如何陶冶身心、涵养德行呢？而若非具有一定的素养与储备，又如何能做到"达则兼济天下"呢？

我们谈读书与辩证，狭义上是在谈培养学习习惯与形成批判辩证思维，广义上却是论端正学习动机与树立远大理想抱负。我们学习，既需知如何学，也应懂为何学；我们既为成为更好的自己，更为创造更高的社会价值！

其人其文 To know about the author

颜之推（531—约597），字介，琅邪临沂（今属山东）人，北齐文学家、教育家，曾多朝为官。颜之推博学多识，著述颇丰，但其作品多已遗失。现存的《颜氏家训》是他结合自己的人生经历、处世哲学创作而成的，用以告诫其子孙为人之道。这是我国汉民族历史上首部体系宏大且内容丰富的家训。

俯拾仰取 To digest & improve

我的收获

美文吟诵 To appreciate & read aloud

推 敲

作者 韦 绚

选自《刘宾客嘉话录》

岛初赴举京师，一日于驴上得句云："鸟宿池边树，僧敲月下门。"始欲着"推"字，又欲着"敲"字，练[1]之未定，遂于驴上吟哦[2]，时时引手[3]作推敲之势。

时韩愈吏部权[4]京兆[5]，岛不觉冲至第三节。左右[6]拥至尹前，岛具对所得诗句云云。韩立马良久，谓岛曰："作敲字佳矣。"遂与并辔[7]而归。留连论诗，与为布衣之交。

左辅右弼 To understand & interpret

[1] 练：同"炼"，指反复琢磨、锤炼文字
[2] 吟哦（é）：有节奏地诵读
[3] 引手：手前后动，仿佛拉弓射箭的样子
[4] 权：指唐代以来的试官或暂时代理官职
[5] 京兆：京兆尹，京城的地方长官
[6] 左右：侍从
[7] 并辔（pèi）：坐骑相并着走；辔：驾驭牲口的缰绳

信雅互译 To appreciate & translate

贾岛初次到京城参加科举考试。一天，他骑在驴背上想出了两句诗："鸟宿池边树，僧敲月下门。"开始想用"推"字，后又想用"敲"字，反复斟酌也没定下来哪个更传神。于是，他在驴背上吟诵着，还不时地伸手比画推和敲的姿势。

这时，吏部侍郎兼京兆尹韩愈正路过此地，贾岛不知不觉冲撞到仪卫队的第三排中。侍从推搡着把他带到韩愈面前，贾岛便把自己想出的诗句，正在考虑的用词一一对韩愈做了解释。韩愈停马伫立了很久，对贾岛说："还是用'敲'字更好啊。"于是他与贾岛并排骑马而行回到官府。他们讨论诗歌创作，久久不舍分开；韩愈虽为大官，却与贾岛这个平民诗人结为好友。

深稽博考 To learn further & better

"推敲"一词典出自唐代诗人贾岛的《题李凝幽居》，而唐朝文人韦绚将诗作背后贾、韩二人以诗交友的典故记录下来，成为一段美谈。名句"鸟宿池边树，僧敲月下门"中，"宿"与"敲"字一静一动，响中寓静，颇有意境之美；同时，僧人访友，拘谨有礼地敲门，是知道门内有人应门，充满温暖人情。

后人对这两句诗也颇为热衷，理解不一。文艺理论家朱光潜先生在他的《咬文嚼字》一文中也发表了自己的见解。他认为"推"固然显得鲁莽一点，但能表示出孤僧步月归寺的孤独，寺里只有他一僧也只有扇一门，可不得他自掩自推？且"推"与上句的"宿"相对，更衬托这环境的冷寂。他有兴致出来步月，独往独来，自在无碍，也自有一副胸襟气度。

其实，"推"也好，"敲"也罢，在不同人物、别样心境等因素下，可以有不同的理解。对我们而言，要学会设身处地，根据实际情况去了解、分析，得出适合的判断。为文如此，处事亦然，做人更需会"推敲"。

其人其文 To know about the author

韦绚（840年前后在世），字文明，京兆（今陕西西安）人。宰相韦执宣之子，历官校书郎、江陵少尹、义武军节度使等。师从刘禹锡，并且以笔记体的形式记录下在他门下问学时所听到的刘氏之言谈，作《刘宾客嘉话录》，笔记小说一卷。书里内容有唐代轶事掌故以及讨论经传、评价诗文之论。

俯拾仰取 To digest & improve

我的收获

美文吟诵 To appreciate & read aloud

读书三境界

作者　王国维

选自《人间词话》

古今之成大事业、大学问者，必经过三种之境界："昨夜西风凋碧树，独上高楼，望尽天涯路。"此第一境也。"衣带渐宽终不悔，为伊消得人憔悴。"此第二境也。"众里寻他千百度，蓦然[1]回首，那人却在灯火阑珊[2]处。"此第三境也。

左辅右弼 To understand & interpret

[1] 蓦（mò）然：突然
[2] 阑（lán）珊：将尽；衰落

信雅互译 To appreciate & translate

昨夜西风凋碧树，独上高楼，望尽天涯路。
Westerly winds withered① trees up last night. Climbing up the stairs and being lonely on the loft②, I overlooked the endless distance.

衣带渐宽终不悔，为伊消得人憔悴。
My clothes hang loosely on my emaciated③ body. But regrets I have none, and it is because of her.

众里寻他千百度，蓦然回首，那人却在灯火阑珊处。
For, everywhere, no trace④ of him can be seen; When, all of a sudden, I turned about. That's him, where lanterns⑤ are few and far between.

【注释】
① wither ['wɪðə] vt. 枯萎，凋谢
② loft [lɒft] n. 阁楼
③ emaciated [ɪ'meɪʃɪeɪtɪd] adj. 憔悴的
④ trace [treɪs] n. 踪迹，追踪
⑤ lantern ['læntən] n. 灯笼

深稽博考 To learn further & better

第一境界"昨夜西风凋碧树,独上高楼,望尽天涯路",出自北宋晏殊的《蝶恋花》,王国维认为做学问成大事业者,首先要登高望远,有明确目标与方向。

第二境界"衣带渐宽终不悔,为伊消得人憔悴",出自宋代柳永的《蝶恋花》,意指一旦树立了目标,必须坚定不移,孜孜以求,直至人瘦带宽也不后悔。

第三境界"众里寻他千百度,蓦然回首,那人却在灯火阑珊处",引用南宋辛弃疾的《青玉案》,是指在经过反复推敲与历练之后,做学问者方能逐渐成熟,豁然领悟。

从小处着眼,此三境界也揭示了我们读书习惯培养与英语兴趣激发的循序渐进的过程。初读难文章或初学另一门语言时,我们常觉得艰涩难捱、无从下手,学海甚是无涯。当习得要法渐入佳境时,我们往往兴致盎然、神采奕奕,为之辛苦亦觉甘甜。而品读与练习频次一旦达到量质转换,我们将如醍醐灌顶,顿觉柳暗花明。

其人其文 To know about the author

王国维(1877—1927),字静安,号观堂。浙江省嘉兴市海宁人;是清末民初一位享有国际声誉的著名学者。他把中西方传统哲学与美学结合,形成了自己独特的思想体系,在文学、史学、教育、哲学等诸多领域均有创新,著有《人间词话》《静安文集》《观堂集林》等作品。《人间词话》是其所著的文学批评著作,是以西方美学的崭新眼光对中国旧文学所作的评论。

俯拾仰取 To digest & improve

我的收获

美文吟诵 To appreciate & read aloud

读书和扔书

作者　蒋子龙

选自《生命淡如水》

前不久，我在美国一位朋友家里住过几天，每当晚上我们从外面回到家的时候，信箱里都塞得满满的，朋友将这一堆花花绿绿的印刷品抱到屋里，码起来足有半尺多高——有报纸、有广告、有免费赠送的刊物，纸张优良，印刷精美。但他草草一翻，随手就丢进了垃圾袋。

我感到可惜，看到这样浪费文字和印刷品，总有一种特殊复杂的感受。我的朋友却说，你想要把这些东西全部看过来，一天到晚就什么事也别干了，没有那个必要。

首先是这些东西没有太大的价值，而现代人最宝贵的是时间和空间，没有时间阅读对自己没有太大价值的东西，没有空间存放没有用的东西。就只好将这些东西及时丢弃，印得快，丢得快，出得多，丢得多，问世的时刻就是死亡的时刻。

这是一个速成的急功近利的时代。

我不免感到一阵恐惧：现代科学技术和商业化，会不会使印刷术毁了印刷术，文字毁了文字？

我每次走进书店，满眼、满墙、满地是书的积压、书的膨胀。每本书装帧设计得都很漂亮，什么样的书名都有，对人的视觉和心智构成一种诱惑、一种压迫，真的让人对书产生一种恐惧。有时我不免也为自己是一个写书的感到悲哀。

古人讲过两句话："书有未曾经我读。事无不可对人言。"凡是世上有的书我都得读过，自己干的事没有不可以对人讲的——现在谁还敢讲这样的大话呢？10年前，我是只买书不丢书，对刚出版的文学杂志和文学新书基本都能浏览一遍，粗读细读反正都要读一读，自信对当前的文坛动态有个大概的了解。现在，却也和那位美国朋友差不多了，对许多书和杂志边读边丢，有些也只是翻一翻就顺手丢掉了……为什么？

书多了，书滥了；文字多了，文字的污染严重了。有些名不副实的，哗众取宠[1]的，故弄玄虚的，没有保留价值的，只能看过就扔，有的也用不着细看，翻一翻就可以丢掉。哪有地方存放废书啊！

记得大仲马说过，读者就是陪审团。现在读书还真得有点陪审团意识，须快读、粗读，才能大量地读。只有读得多了才能淘汰一些废书，留下有用的书常读、精读。

人类的知识每隔几年就要增长一倍，人脑怎么跟得上外界知识的爆炸？只能吞进对自己有用的和自己感兴趣的那一部分。

书毕竟是人类最伟大的发明，是世界上最多姿多彩的东西，式样万千，所表达的人生经历、情感信息更是五花八门。可随身携带，可放于桌边，可置于床头，何等方便。开卷有益[2]，你不动它，它不会烦你。特别是在眼下这样一个喧嚣[3]浮躁的时代，书能让人静下来，引人思索，给人以自我完善的机会。

好书永远是人们所渴求的。总的来说，我对书的前途并不悲观。

左辅右弼　To understand & interpret

[1] 哗众取宠（huá zhòng qǔ chǒng）：用浮夸的言行迎合众人，以博取众人的好感或拥护

[2] 开卷有益：指读书总有好处

[3] 喧嚣（xuān xiāo）：声音大而嘈杂、吵闹之意

信雅互译　To appreciate & translate

开卷有益，你不动它，它不会烦你。
Reading is always beneficial,① but it won't benefit you until you open books.
书有未曾经我读。事无不可对人言。
There is neither a book unread② by me nor any secrets impossible for me to share.
好书永远是人们所渴求的。总的来说，我对书的前途并不悲观。
A good book is always what people are thirsty for. Generally I'm not pessimistic③ about the future of books.

【注释】
① beneficial [ˌbenɪˈfɪʃl] adj. 有裨益的
benefit [ˈbenɪfɪt] vt. 对……有好处
② unread [ˌʌnˈred] adj. 未读的
③ pessimistic [ˌpesɪˈmɪstɪk] adj. 悲观的

深稽博考　To learn further & better

开卷有益。书有益于点燃思想的火花，引起正向的争论；书又是民族文化和传统的

凝聚，能滋养人的精神。在眼下这样一个喧嚣浮躁的时代，物质过剩而思想贫弱，竞争激烈而生活失衡。书能让人静下来，达成心理平衡，感到精神充实。

可身处急功近利的时代，"书多了，书滥了；文字多了，文字的污染重了"。蒋子龙在文章中指出扔书是学会读书的一种方法。人的生命短暂，时间和精力都有限。读书有益的条件之一就是不读坏书和废书，毕竟光是好书你一生也读不完。清代文学家张潮有经典之语："藏书不难，能看为难；看书不难，能读为难；读书不难，能用为难。"古人的智慧提醒我们读书的第一道工序是选择：扔掉一些废书，留下有用的书常读、精读，学以致用最重要。

英国作家培根说："读史使人明智，读诗使人灵秀。"让我们爱上读书，学会扔书；在吟诵中品味，在思考中提升，做一个幸福的读书人。

其人其文 To know about the author

蒋子龙（1941— ），河北沧州人，当代作家。2018年被党中央、国务院授予"改革先锋"称号，并获评"改革文学"作家的代表。他对生活有着自身独到的见解，作品风格兼具幽默与新意。其代表作《乔厂长上任记》，揭示了新时期经济改革中的种种矛盾，剖析了不同人物的复杂灵魂，塑造了一位敢于向不正之风挑战、勇于承担革命重任、具有开拓精神的改革者形象，被认为是新时期中国文学的一个里程碑。

俯拾仰取 To digest & improve

我的收获

美文吟诵 To appreciate & read aloud

观书有感（其一）

作者　朱熹　　　　　　　　　　　选自《朱文公集》

半亩方塘一鉴[1]开，
天光云影共徘徊[2]。
问渠[3]那得[4]清如许[5]？
为有源头活水[6]来。

左辅右弼 To understand & interpret

[1] 鉴（jiàn）：古代镜子
[2] 徘徊（pái huái）：在一个地方来回走
[3] 渠（qú）：它，指方塘
[4] 那（nǎ）得：怎么会；"那"通"哪"
[5] 许：这样
[6] 活水：流动不息的水

信雅互译 To appreciate & translate

The Book

Zhu Xi

　　　　　　　　　　　　　　　　　　许渊冲　译

There lies a glassy oblong① pool,
Where light and shade pursue② their course③.
How can it be so clear and cool?
For water fresh comes from its source④.

【注释】

① oblong [ˈɒblɒŋ] adj. 矩形的
② pursue [pəˈsjuː] vt. 追逐，追求
③ course [kɔːs] n. 路线，方向
④ source [sɔːs] n. 来源，源头

深稽博考 To learn further & better

　　这是一首借景喻理诗。全诗以方塘做比，前两句写景，后两句议论，形象地表达了诗人独特的读书感受，暗含深刻的哲理。方塘实为书，开镜即开卷；写方塘映照之美，实喻书中知识之丰富；特别是"问渠那得清如许？为有源头活水来"两句，表面写水因有源头活水不断注入才"清如许"，实则暗喻人要心灵澄明，就得不断认真读书，不断求新求异，不断获取新知，才能达到至高的境界。诗中所表达的这种感受虽然仅就读书而言，却寓意深刻，内涵丰富，可做广泛的理解。这两句诗已凝缩为常用成语"源头活水"，用以比喻事物发展的源泉和动力。

　　关于读书的方法和经验，朱熹还有许多名言："读书有三到，谓心到、眼到、口到。""举一而反三，闻一而知十。""读书之法，在循序而渐进，熟读而精思。""活到老，学到老。"这些读书之道，寓意深长，影响深远，历久弥新，值得我们学习和借鉴。

其人其文 To know about the author

　　朱熹（1130—1200），字元晦，又字仲晦，号晦庵，古徽州婺源县（今江西婺源县）人。他是宋朝著名的哲学家、教育家、文学家，是儒家理学集大成者，被后世尊称为朱子。朱熹著述甚多，著有《四书章句集注》《太极图说解》《通书解说》等，对经学、史学、文学、乐律，以及自然科学都有很大的贡献。他的《四书章句集注》是集儒家四书于一体的儒家理学巨作，曾为明清时代钦定的教科书和科举考试的标准。

俯拾仰取 To digest & improve

我的收获

美文吟诵 To appreciate & read aloud

劝学诗

作者　颜真卿

选自《颜真卿诗集》

三更灯火五更鸡[1]，
正是男儿读书时。
黑发不知勤学早，
白首方悔读书迟。

左辅右弼 To understand & interpret

[1] 五更（gēng）鸡：天快亮时（3点到5点），鸡打鸣；更：古时夜间计时单位，一夜分五更，每更两小时

信雅互译 To appreciate & translate

Encourage Study

Yan Zhenqing

编者　译

At midnight or day break,
It is the right time for man to study.
Young idlers① are not conscious② of it,
Old beggars③ just regret being too late.

【注释】
① idler [ˈaɪdlə(r)] n. 无所事事的人
② conscious [ˈkɒnʃəs] adj. 意识到的
③ beggar [ˈbegə(r)] n. 落魄贫穷的人

深稽博考 To learn further & better

颜真卿的这首七言古诗是劝学之诗。标题中的"劝"字点出了诗歌的通篇要义,即"勉励"他人学习或读书。前两句通过对学习环境的描写来表达年少读书时应该勤奋,后两句通过头发颜色变化来表达年长时读书已晚。诗中"黑发""白首"采用借代的修辞方法,借指青年和老年。通过对比的手法,劝勉青少年要珍惜少壮年华,勤奋学习,有所作为,否则,到老一事无成,后悔已晚。

诗人从学习时间这一角度立意,深入浅出又蕴含哲理,这可以给读者留下深刻的印象,取得催人奋进的效果。古诗中劝说读书人惜取学习时光的篇目不胜枚举,比如汉乐府诗歌《长歌行》中的那句"少壮不努力,老大徒伤悲"(A young idler, an old beggar.)与颜真卿这首诗就有异曲同工之妙。每当我们懈怠怠懒时,不妨多朗读这些故事,汲取一些养分与能量。

其人其文 To know about the author

颜真卿(709—784),字清臣,小名羡门子,别号应方,今陕西西安人。唐朝名臣、书法家,善诗文;曾参与平定安史之乱。颜真卿书法精妙,擅长行楷。行书遒劲郁勃,作品《祭侄文稿》被誉为"天下第二行书";楷书作品《颜卿礼碑》是中国楷书史上的巅峰之作,世称"颜楷"。他与赵孟頫、柳公权、欧阳询合称为"楷书四大家",又与柳公权并称为"颜筋柳骨"。

俯拾仰取 To digest & improve

我的收获

美文吟诵 To appreciate & read aloud

Of Studies (Excerpts)

Francis Bacon

Crafty men **condemn**① studies, simple men **admire** them, and wise men use them; for they teach not their own use; but that is a **wisdom** without them, and above them, won by observation②. Read not to contradict and confute③; nor to believe and **take for granted**; nor to find talk and discourse④; but to **weigh** and consider.

Some books are to be tasted, others to be **swallowed**, and some few to be **chewed** and **digested**; that is, some books are to be read only in parts; others to be read, but not **curiously**; and some few to be read wholly⑤, and with **diligence** and attention. Some books also may be read by deputy⑥, and extracts⑦ made of them by others; but that would be only in the less important **arguments**, and the meaner sort of books, else distilled⑧ books are like common distilled waters, flashy things.

Reading maketh⑨ a full man; conference⑩ a ready man; and writing an exact man. And therefore, if a man write little, he had need have a great memory; if he **confer** little, he had need have a present **wit**: and if he read little, he had need have much **cunning**, to seem to know that he doth not.1

左辅右弼 To understand & interpret

① condemn [kən'dem] vt. 指责，鄙视
② observation [ˌɒbzəːˈveɪʃən] n. 观察
③ contradict and confute [ˌkɒntrə'dɪkt] [kən'fjuːt] 驳斥诘难
④ find talk and discourse 寻章摘句
⑤ wholly ['həʊlli] n. 完全地
⑥ deputy ['depjuti] n. 副手，代理
⑦ extract ['ekstrækt] n. 摘录，提炼
⑧ distilled [dɪ'stɪld] adj. 蒸馏的

---

1 本英文选段为方便阅读，进行了分段处理；本节选保留了古体英语的一些表达，黑色加粗词汇为本选段重点词汇，注释见附录词汇表。本书中其他语篇的加粗词汇也参考词汇表，不再赘述。

⑨ maketh *vt.* =makes
⑩ conference ['kɒnfərəns] *n.* 研讨

信雅互译 To appreciate & translate

谈读书

弗朗西斯·培根 著

王佐良 译

有一技之长者鄙读书，无知者羡读书，唯明智之士用读书，然书并不以用处告人，用书之智不在书中，而在书外，全凭观察得之。读书时不可存心诘难[1]作者，不可尽信书上所言，亦不可只为寻章摘句[2]，而应推敲细思。

书有可浅尝者，有可吞食者，少数则须咀嚼[3]消化。换言之，有只需读其部分者，有只须大体涉猎者，少数则须全读，读时须全神贯注，孜孜不倦。书亦可请人代读，取其所作摘要，但只限题材较次或价值不高者，否则书经提炼犹如水经蒸馏，淡而无味。

读书使人充实，讨论使人机智，笔记使人准确。因此不常做笔记者须记忆力特强，不常讨论者须天生聪颖，不常读书者须欺世有术，始能无知而显有知。

左辅右弼 To understand & interpret

[1] 诘难（jié nàn）：责难

[2] 寻章摘句：从书上挑选现成的文句，堆砌成文

[3] 咀嚼（jǔ jué）：引申为对耐人寻味的文章进行品读，从而领悟其中深义

[4] 孜孜（zī）：勤勉

[5] 蒸馏（zhēng liú）：液体煮沸后冷却萃取，去除杂质

深稽博考 To learn further & better

在几百年前作家培根所生活的时代，世人对读书与学问存在三种态度，即有一技傍身者重技艺而轻视学问，无知无畏者心有羡慕而无读书能力，只有明智之士方能戒

偏见、戒尽信、戒轻信，读书不倦，推敲细思，学以致用。以古鉴今，我们学习与成长于职业技能与职业素养两手抓的中职学校里，势必不能重蹈"Crafty men condemn studies"的覆辙。

本篇选段以其精准的比喻与精炼的排比论证法，为我们揭示了读书之妙法。其妙法与我们需掌握的英语阅读技巧相通，即 skimming（通过前言或目录选读重要部分）、scanning（通过泛读的形式，广泛涉猎与开阔眼界）、in-depth reading（精读吃透少数经典读物，细嚼慢咽消化其内容）。此外，培根还提出代读法，也即阅读一些知名编辑或作家阅读整理后的名作摘录或汇编，从而节省时间，有的放矢。

读书使人充实与睿智，愿我们都能成为能读会用的明智之士。

其人其文　To know about the author

弗朗西斯·培根（Francis Bacon，1561—1626），英国文艺复兴时期著名的唯物主义哲学家、作家。其散文集《培根散文选》（*Francis Bacon: The Essays*）是英国随笔文学的开山之作，涉及政治、经济、宗教、教育、伦理等各方面的内容，深刻蕴含了培根本人的思想精华。《谈读书》（*Of Studies*）是其脍炙人口的篇目之一。

俯拾仰取　To digest & improve

美文吟诵 To appreciate & read aloud

Companionship of Books (Excerpts)

Samuel Smiles

A man may usually be known by the books he reads as well as by the **company** he keeps; for there is a companionship① of books as well as of men; and one should always live in the best company, **whether** it be of books or of men.

A good book may be among the best of friends. It is the same today that it always was, and it will never **change**. It is the most patient and cheerful of companions. It does not **turn its back upon** us in times of adversity or distress②. It always receives us with the same kindness, **amusing** and **instructing** us in **youth**, and **comforting** and consoling③ us in age.

Men often **discover** their affinity④ to each other by the **mutual** love they have for a book. just as two persons sometimes discover a friend by the **admiration** which both **entertain**⑤ for a third. There is an old proverb⑥, "Love me, love my dog." But there is more wisdom in this: "Love me, love my book." The book is a truer and higher **bond** of **union**. Men can think, feel, and sympathize⑦ with each other through their favorite author. They live in him together and he, in them.

左辅右弼 To understand & interpret

① companionship [kəmˈpænɪənʃɪp] n. 友情
companion [kəmˈpænɪən] n. 同伴，伙伴
company [ˈkʌmpəni] n. 陪伴
② adversity or distress [ədˈvɜːsəti] [dɪˈstres] 逆境或不幸
③ console [kənˈsəʊl] vt. 抚慰
④ affinity [əˈfɪnəti] n. 喜爱
⑤ entertain [ˌentəˈteɪn] vt. 怀有
entertain admiration for 怀有对……的钦佩之情

18

⑥ proverb ['prɒvɜːb] n. 谚语，格言
⑦ sympathize ['sɪmpəθaɪz] vi. 同情

信雅互译 To appreciate & translate

与书为伴（节选）

塞缪尔·斯迈尔斯 著

编者 译

欲知其人，常可观其所读之书，恰如观其所交之友。书与人，皆可为友；无论以书为友还是以人为伴，每个人都需要一位这样的知己。

好书如挚友，一如既往，始终不渝；且最为耐心陪伴，其乐陶陶[1]。当我们身陷困境或遭遇不幸之时，好书不会幡然[2]背弃我们。好书始终亲善地接纳我们。我们年轻时可从中汲取乐趣与教诲，到鬓发染霜[3]时则从中感到亲抚和安慰。

同好[4]一书之人，往往发现彼此间习性趣味相投，恰如二人同好一友，则此二人亦可引以为友。古时有句名言："爱屋及乌"[5]，若谓为"爱我及书"，则更蕴含哲理。人们交往若以书为纽带，则情谊更为真挚高尚。对同一作者之钟爱，使人们的所思所感，能够共情相通，相互交融。他们与作者同在，作者亦如此。

左辅右弼 To understand & interpret

[1] 陶陶：形容快乐的样子
[2] 幡（fān）然：很快而彻底地（改变）
[3] 鬓发（bìn fà）染霜：鬓角的头发变白
[4] 好（hào）：喜爱
[5] 爱屋及乌：指爱一个人而连带地关心跟他有关的人或物

深稽博考 To learn further & better

书籍是人类最古老而热衷的主题，古今中外皆如此。宋真宗赵恒曾在其作《励学篇》中，将好书比作千钟粟、黄金屋与颜如玉之源；而几百年后的英国诗人塞缪尔·斯迈尔

斯视好书为瑰宝，以书为友、以书会友、以书择友。作者认为，好书同人一样，皆可为友；而经过时间沉淀与淬炼的经典著作，更可称为我们的良师益友。作者通过大量的排比与比喻论证，向我们阐述了拥有这样一位"知己"的妙处。好书在我们感到孤独无聊时，给予我们陪伴与慰藉；在我们身处困境挫折时，给我们带来前行的自信与勇气；在我们受限于人生阅历时，为我们提供前人的经历与经验。

"Love me, love my book."这看似作家的一句戏言，却揭示了我们以书会友的深意。或许在教室里的图书角，或许在校园里的阅览室，或许是在度过上下学公交车时光的电子书中，我们总会找到适合自己的诗书与远方，以及趣味相投的读书伙伴。

其人其文 To know about the author

塞缪尔·斯迈尔斯（Samuel Smiles，1812—1904），是英国19世纪著名的散文随笔作家与社会改革家。他的一生阅历十分丰富，从事过医生、商人、记者等多种职业，这为他著述探讨人性优劣、成败得失、责任良知等提供了丰沃的现实写照与体验。他一生创作过20多部著作，本篇《与书为伴》（Companionship of Books）是其最著名的散文作品之一。

俯拾仰取 To digest & improve

我的收获

美文吟诵 To appreciate & read aloud

A Book [1]

Emily Dickinson

There is no frigate① like a book
To take us lands away,
Nor any coursers② like a page
Of prancing③ **poetry**.
This traverse④ may the poorest take
Without oppress⑤ of toll⑥;
How frugal⑦ is the chariot⑧
That bears a **human soul**!

左辅右弼 To understand & interpret

① frigate ['frɪɡət] n.（旧）舰船
② coursers ['kɔːsəz] n. pl.（诗）骏马
③ prance [prɑːns] vi.（马等）腾跃
④ traverse ['trævɜːs] n. Z 字形的航路
⑤ oppress [ə'pres] n. 压力
⑥ toll [təʊl] n. 通行税
⑦ frugal ['fruːɡəl] adj. 节省的
⑧ chariot ['tʃærɪət] n. 四轮马车

---

1 原诗中狄金森采用了独具个人特色的破折号和大写字母。其破折号的长短与翘弯被认为代表吟咏或歌唱时的高低抑扬；其诗文中的某些单词的首字母大写，是为了突出易唤起情感的或有意义的词。本选段为符合现代读者的阅读习惯、便于理解，没有保留这两种写法。

一本书

艾米莉·狄金森著

赵又廷 译

没有一艘舰船[1]
能像一本书
带我们遨游[2]远方
没有一匹骏马
能像一页诗行
如此欢跃飞扬
即使一贫如洗
它也可以带你走上
无须路费的旅程
这辆战车，朴素无华
却载着人类的灵魂

左辅右弼 To understand & interpret

[1] 舰（jiàn）船：军用与民用船只的统称
[2] 遨（áo）游：游历，漫游

深稽博考 To learn further & better

狄金森的这首诗，采用赞美诗的格律：每节四句，第一、三句八音节，第二、四句六音节，第二、四句押韵，读时朗朗上口，同时又意味深长，耐人寻味。全诗虽然短小，但用词颇难，其特色在于每两行都有一个与旅行的交通工具有关的意象，即 frigate（舰船）、courser（骏马）、traverse（航线）和 chariot（马车），使全诗整体有了一种连贯性。

一本好书就像轻舟，带我们乘风破浪；就像骏马，带我们自由驰骋。这是一段无拘无束的心灵之旅，比起现实生活中的旅行，不仅没有地域的限制，而且毫无路费之虞。作者借诗歌的形式，用富含哲理的语言介绍了书带给人们的快乐无穷——它是知识的海洋，给予人世的真谛、净化人的心灵。

其人其文 To know about the author

艾米莉·狄金森（Emily Dickinson，1830—1886），20世纪现代主义诗歌的先驱之一，与惠特曼（Whitman）并称为美国诗歌史上的两位巨擘，为世人留下了1 800多首诗，开创了美国诗歌的新纪元。狄金森的诗主要涉及与生活情趣、自然、生命、信仰、友谊、爱情等相关的话题，她观察敏锐而细致、意象突出而形象，诗风独特，文字细腻，用词与标点特别，颇受读者喜爱。

俯拾仰取 To digest & improve

我的收获

美文吟诵 To appreciate & read aloud

He Ate and Drank the Precious Words

Emily Dickinson

He ate and drank the **precious** words

His **spirit** grew robust①

He knew no more that he was poor,

Nor that his frame② was **dust**.

He danced along the dingy③ days

And this bequest④ of **wings**,

Was but a book—What liberty⑤

A **loosened** spirit brings.

左辅右弼 To understand & interpret

① robust [rəʊˈbʌst] *adj.* 强壮的

② frame [freɪm] *n.* 框子，框架

③ dingy [ˈdɪndʒi] *adj.* 暗淡的

④ bequest [bɪˈkwest] *n.* 遗产；遗传

⑤ liberty [ˈlɪbəti] *n.* 自由（权）

信雅互译 To appreciate & translate

他饮食珍贵的文字

艾米莉·狄金森 著

江枫 译

他饮食[1]珍贵的文字

他的精神变得强壮。
他再不觉得贫困，
他再不感到沮丧。

他跳着舞过黯淡[2]的日子
使他飞翔的只是一本书，
能有多么大的自由——
精神摆脱了束缚[3]！

【注释】

［1］饮食：喝……吃……

［2］黯（àn）淡：同暗淡，指（前途）不光明的

［3］束缚（shù fù）：约束

深稽博考　To learn further & better

《他饮食珍贵的文字》（He Ate and Drank the Precious Words）是一首简短的八行诗，采用的是狄金森善用的民谣体（即ABCB）。此外，作者在本诗中还使用了多种文学手法，使诗歌读来极具韵律：如第五行的 dance, dingy 和 days 的头韵法；三次出现在诗句的开头的 He 这个词的首语反复法；如第六行和第七行的跨行连续法。

从诗歌的内容上来讲，第一至第四行详述了一位老人通过阅读，将自己从年老体衰的身体束缚中解放出来，书即他的"翅膀"，有了"翅膀"，他可以自由地去舞蹈、去感受和体验曾经的生活。第五行至第八行用 dance, dingy 和 days 单词带来的完美节奏来刻画老人的愉悦——书本里的语言为其插上了翅膀，提供了力量源泉。作家想以此来鼓励年轻读者通过阅读来找到属于自己的"翅膀"。

其人其文　To know about the author

艾米莉·狄金森（Emily Dickinson，1830—1886）的作品里，既有普通人的语言，也有生僻深奥的词汇；她的语言时而质朴清新具有"粗糙美"，时而又如小儿学语而有一种幼稚的魅力。她的诗歌拥有众多的读者，经过半个世纪的品评，被认为是"美国人民的珍宝，世界人民的共同财富"（江枫：2004）。

俯拾仰取 To digest & improve

我的收获

On Self-cultivation & Introspection
修身与自省篇

第二章
以人为镜

The ultimate value of life and the awakening of the ability to think, rather than just to survive.

人生最终价值在于觉醒和思考的能力，而不只在于生存。

by Aristotle

prologue
章节前言

何谓修身与自省？修身即陶冶身心，修持身性；自省即内省自察，涵养德行。人生而多面——心有猛虎，细嗅蔷薇；需挖掘方悟本真。时代的青年人必是心里有火、眼中有光的有为后浪。但若征途在星辰与大海，弄潮儿何妨时以人为镜、常反躬自省？

我们感古人《生于忧患，死于安乐》之壮烈，知《修身齐家治国平天下》之大义。我们细品《落花生》与《人是一根能思想的苇草》，从寻常物中悟自身，培养如花生、芦苇般朴实而坚韧的品格；然后边驾着《生命的驿车》，边吟着《我们去寻找一盏灯》。也许生命中还会有《生存还是毁灭》（*To Be or Not To Be*）的两难困境，但若始终坚信《真实的高贵》（*True Nobility*），我们便能以《理想》（*Dreams*）为翅，不断修习提升自己，不悔那《未选择的路》（*The Road Not Taken*）。

美文吟诵 To appreciate & read aloud

生于忧患，死于安乐

作者　孟子

选自《孟子·告子下》

舜发[1]于畎亩[2]之中，傅说举[3]于版筑之间，胶鬲举于鱼盐之中，管夷吾举于士[4]，孙叔敖举于海，百里奚举于市[1]。故天将降大任于是人也，必先苦其心志，劳其筋骨，饿其体肤，空乏其身[5]，行拂乱其所为，所以动心忍性，曾[6]益其所不能。

人恒过，然后能改；困于心，衡[7]于虑，而后作；征于色，发于声，而后喻。入则无法家拂士[8]，出则无敌国外患者，国恒亡。然后知生于忧患而死于安乐也。

左辅右弼 To understand & interpret

[1] 发：起，指被任用
[2] 畎（quǎn）亩：田地
[3] 举：任用，选拔
[4] 士：狱官
[5] 空（kòng）乏其身：使他身处贫困之中
[6] 曾：同"增"，增加
[7] 衡：同"横"，梗塞
[8] 法家拂（bì）士：守法度的大臣，辅佐君主的贤士；拂，同"弼"

信雅互译 To appreciate & translate

舜从田地中被任用，傅说从筑墙的泥水匠中被选拔出来，胶鬲从鱼盐商贩之中被举荐，管夷吾从狱官手中被释放并录用为相，孙叔敖从隐居的海滨被任用，百里奚从买卖奴隶的市场之中被赎买并任用。所以上天要将重任下达给这样的人，一定先要使他内心痛苦，筋骨劳累；使他忍饥挨饿，受尽贫困之苦；使他所做的事情颠倒错乱。用这些办法来使他内心受到震撼，性情坚韧起来，增加他过去所不具备的能力。

一个人，常常是犯了过失，以后才能改正；感到内心困惑，思虑堵塞，然后才能奋起，有所作为；愤怒表现在脸色上，怨恨吐发在言语中，然后才能被人所知晓。（如果）

---

1 傅说（yuè）、胶鬲（gé）为商周大臣；管夷吾（yí wú）、孙叔敖、百里奚（xī）为春秋名臣。

一个国家，在国内没有坚守法度的大臣和足以辅佐君王的贤士，在国外没有实力相当的国家和外国侵犯的危险，这样的国家就常常会走向灭亡。这样，以后才知道忧虑祸患能使人（或国家）生存发展，而安逸享乐会使人（或国家）走向灭亡的道理了。

深稽博考 To learn further & better

这是一篇论证严密、雄辩有力的说理散文。孟子在文章开头一连列举了六位古代圣贤于困难忧患中崛起的事例，正反两面论述忧患与磨难可激励人奋发有为；接着，作者从个人发展和国家兴亡两个不同的角度进一步论证忧患则生、安乐则亡的道理；最后水到渠成，得出"生于忧患而死于安乐"这一结论。全文采用列举历史事例和讲道理的论证法，逐层推论，逻辑缜密；又利用排比句和对仗句相结合的句式，既使语气错落有致，又造成一种势不可当的气势。

优越条件容易消磨人的意志，而艰苦的环境能激发潜能，促人奋进创造生命的奇迹。"贫贱忧戚，庸玉汝于成。"愿我们都能拥有清醒的头脑，以思辨的眼光看待世界，勇于跳出舒适圈，在奋斗中锤炼意志品质，书写最美的青春篇章。

其人其文 To know about the author

孟子（约公元前372—公元前289），名轲（kē），字子舆，战国邹（今山东县）人。战国时期著名的思想家、哲学家、教育家，儒家学派的代表人物之一，与孔子并称"孔孟"。孟子最早提出"民贵君轻"的思想，继承了孔子"仁"的思想并将其发展成为"仁政"思想，被称为"亚圣"。《孟子》是记载孟子言行的书，由孟子及其弟子统编而成。

俯拾仰取 To digest & improve

我的收获

美文吟诵 To appreciate & read aloud

修身齐家治国平天下

作者　戴圣

选自《礼记·大学》

古之欲明明德[1]于天下者，先治其国；欲治其国者，先齐[2]其家；欲齐其家者，先修其身；欲修其身者，先正其心；欲正其心者，先诚其意；欲诚其意者，先致其知，致知[3]在格物[4]。物格而后知至，知至而后意诚，意诚而后心正，心正而后身修，身修而后家齐，家齐而后国[5]治，国治而后天下平。

左辅右弼 To understand & interpret

[1] 明明德：昭明、弘扬光明的德行；明：昭明、弘扬；明德：光明正大的德行
[2] 齐其家：管理好自己的采邑（yì，封地）
[3] 致知：达到完全理解
[4] 格物：推究事物的道理
[5] 国：诸侯国（对周天子负责）

信雅互译 To appreciate & translate

古时那些要想在天下弘扬光明正大品德的人，先要治理好自己的国家；要想治理好自己的国家，先要管理好自己的采邑；要想管理好自己的采邑，先要修养自身的品性；要想修养自身的品性，先要端正自己的思想；要想端正自己的思想，先要使自己的意念真诚；要想使自己的意念真诚，先要使自己获得知识，获得知识的途径在于认知研究万事万物。通过对万事万物的认识研究，才能获得知识；获得知识后，意念才能真诚；意念真诚后，心思才能端正；心思端正后，才能修养品性；品性修养后，才能管理好采邑；采邑管理好了，才能治理好国家；治理好国家后天下才能太平。

深稽博考 To learn further & better

修身自省，自古便是礼仪修养的重要一课；而本篇《礼记·大学》中有关"修齐治平"的论述，是儒家政治哲学的经典。文中广为人知的儒家"八条目"（格物、致知、诚意、正心、修身、齐家、治国、平天下），强调修己是治人的前提，修己的目的是治国平天下。它既鞭策古代好男儿成就良好德行与成为经世济国之才，也训勉着现代人自律以修身、共担社会责任。

对少年人而言，修身即修身养性，克己慎行；齐家即管理其家人，团结和睦；治国平天下，即勤奋向学，以己之长并合众人之力，筑就平等与公平的正义社会。而要实现自身的理想，必得格物致知、诚意正心，也即在探索新事物中获取新知，对待新知要始终诚实真挚，摈弃杂念。这个时代终将属于有为少年，所幸我们在追寻治国平天下的理想路上，始终有前人坚实的肩膀可依靠。

其人其文 To know about the author

戴圣（生卒年不详），字次君，西汉学者、礼学家、汉代今文经学的开创者，后世称其为"小戴"，著有《礼记》（又名《小戴礼记》）。《大学》是《小戴礼记》第四十二篇，是一部中国古代讨论教育理论的重要著作。经北宋程颢、程颐竭力尊崇，南宋朱熹又作《大学章句》，最终和《中庸》《论语》《孟子》并称"四书"。宋、元以后，《大学》成为学校官定的教科书和科举考试的必读书，对中国古代教育产生了极大的影响。

俯拾仰取 To digest & improve

我的收获

美文吟诵 To appreciate & read aloud

落花生

作者 许地山

选自《许地山散文精选》

我们家的后园有半亩空地。母亲说:"让它荒着怪可惜的,你们那么爱吃花生,就开辟出来种花生吧。"我们姐弟几个都很高兴,买种、翻地、播种、浇水,没过几个月,居然收获了。

母亲说:"今晚我们过一个收获节,请你们的父亲也来尝尝我们的新花生,好不好?"母亲把花生做成了好几样食品,还吩咐就在后园的茅亭里过这个节。

那晚上天色不大好。可父亲也来了,实在很难得。

父亲说:"你们爱吃花生吗?"

我们争着答应:"爱!"

"谁能把花生的好处说出来?"

姐姐说:"花生的味儿美。"

哥哥说:"花生可以榨油。"

我说:"花生的价钱便宜,谁都可以买来吃,都喜欢吃。这就是它的好处。"

父亲说:"花生的好处很多,有一样最可贵:它的果实埋在地里,不像桃子、石榴、苹果那样,把鲜红嫩绿的果实高高地挂在枝头上,使人一见就生爱慕之心。你们看它矮矮地长在地上,等到成熟了,也不能立刻分辨出来它有没有果实,也必须挖起来才知道。"

我们都说是,母亲也点点头。

父亲接下去说:"所以你们要像花生,它虽然不好看,可是很有用。"

我说:"那么,人要做有用的人,不要做只讲体面,而对人没有好处的人。"

父亲说:"对。这是我对你们的希望。"

我们谈到深夜才散。花生做的食品都吃完了,父亲的话深深地印在我的心上。

信雅互译 To appreciate & translate

人要做有用的人,不要做只讲体面,而对人没有好处的人。

One should be useful **rather than** nice-looking but no good to others.

深稽博考 To learn further & better

　　这是一篇叙事散文，真实地记录了作者小时候的一次家庭活动和所受到的教育。文章以"落花生"为线索，按"种花生—收花生—尝花生—议花生"的顺序叙事，着重讲了一家人过花生收获节的情况。以谈论花生的好处为切入点，借物喻人，揭示了花生不图虚名、脚踏实地、默默奉献的品格，揭示了人要做有用的人，不要做只讲体面而对别人没有好处的人的主旨，表达了作者不为名利，只求有益于社会的人生理想和价值观。文章篇幅短小，没有华丽的辞藻和深奥的说法，却给人以清晰深刻的印象，使人从平凡的事物中悟出了耐人寻味的道理。

　　父亲说的一个个字如一枚枚印章，印刻在少年许地山的心中，他以"落华生"为笔名，决心要做像落花生一样有用的人。他时时自省，一生治学处事均遵循着落花生的这种精神品质，成了一名优秀的作家。

其人其文 To know about the author

　　许地山（1893—1941），名赞堃（kūn），字地山，笔名落华生（古时"华"同"花"，所以也叫落花生），出生于我国台湾。他是中国现代著名小说家、散文家，"五四"时期新文学运动先驱者之一。他的作品多以闽、台、粤和东南亚、印度为背景，站在弱者角度审视社会的发展与变化，作品基调偏现实主义风格。他的主要著作有《危巢坠简》，译著有《二十夜问》《孟加拉民间故事》等。

俯拾仰取 To digest & improve

我的收获

美文吟诵 To appreciate & read aloud

人是一根能思想的苇草（节选）

作者　帕斯卡　何兆武　译

选自《思想录》

我很能想象一个人没有手、没有脚、没有头（因为只有经验才教导我们说，头比脚更为必要）。然而，我不能想象人没有思想，那就成了一块顽石或者一头畜牲了。

思想形成人的伟大。

人只不过是一根苇草，是自然界最脆弱的东西，但他是一根能思想的苇草。用不着整个宇宙都拿起武器来才能毁灭他；生命是那么脆弱，空气和水都足以致人于死命。然而，纵使宇宙毁灭了他，人也仍然要比致他于死命的事物高贵得多，因为他知道自己要死亡，知道宇宙对他对她的影响，而宇宙对此一无所知。

因而，我们全部的尊严就在于思想。正是由于它而不是由于我们所无法填充的时间和空间，我们才必须提高自己。因此，我们要努力好好地思想；这就是道德的原则。

能思想的苇草——我应该追求自己的尊严，绝不是求之于空间，而是求之于自己的思想和准则。我占有多少土地都不会有用，由于空间，宇宙便囊括了我并吞没了我，有如一个质点；由于思想，我却囊括了宇宙。

信雅互译 To appreciate & translate

人只不过是一根苇草，是自然界最脆弱的东西；但他是一根能思想的苇草。
Man is but a reed①, the most feeble② thing in nature; but he is a thinking reed.
我们全部的尊严就在于思想。
All the dignity③ of man consists in thought.

左辅右弼 To understand & interpret

① reed [riːd] *n*. 芦苇
② feeble [ˈfiːbl] *adj*. 衰弱的，虚弱的
③ dignity [ˈdɪɡnəti] *n*. 尊严；高贵

深稽博考 To learn further & better

人类只是宇宙中的一粒尘埃,却给宇宙带来了无穷的意义。人们时常仰望着星空,思索着"人是什么"。

在帕斯卡的眼中,"人是一根能思想的苇草",这一著名的比喻,既形象地写出了人的渺小、脆弱,同时又有力地衬托出了思想的力量——思想使渺小的人变得高贵和有尊严。宇宙的浩大,能毁灭脆弱、渺小的人;人却因为思想,可以概括宇宙,这就是人在宇宙中的全部尊严。

帕斯卡尔认为只有同时看到人的崇高使命和人的软弱无力才能看到真理。他在《思想录》中,反复地论述了这一人的悖论,即人是伟大崇高的,又是卑鄙渺小的,是可以达到幸福的,又处于十分悲惨的状况。所以认识你自己,是认识人的一部分,我们对自己越是认识得深刻,就越是接近于一个真实的人。

正如笛卡尔说的:"我思,故我在。"做一个有思想、会思考的人,做一个能坚持自我、崇尚真理的人,当是人生的一大追求。

其人其文 To know about the author

帕斯卡(1623—1662),法国17世纪最具天才的数学家、物理学家、哲学家。他一生体弱多病,只活到39岁,但在身后为自己留下了高耸的纪念碑。他的代表著作《思想录》,为哲学和宗教方面的探讨提供了丰富的源泉,成为人因思想而伟大的一个明证,该书又被法国大文豪伏尔泰称为"法国第一部散文杰作",它与《蒙田随笔集》《培根人生论》被人们誉为欧洲近代哲理散文三大经典。

俯拾仰取 To digest & improve

美文吟诵 To appreciate & read aloud

生命的驿车

作者　亚历山大·普希金　穆旦　译

选自《普希金抒情诗精选集》

有时候，虽然它载着重担，
驿车[1]却一路轻快地驶过；
那莽撞[2]的车夫，白发的"时间"，
赶着车子，从没有溜下车座。
我们从清晨就坐在车里，
都高兴让速度冲昏了头，
因为我们蔑视懒散和安逸，
我们不断地喊着：快走……
但在日午，那豪气已经跌落；
车子开始颠簸[3]；我们越来越怕
走过陡坡或深深的沟壑[4]，
我们叫到：慢一点吧，傻瓜！
驿车急驰得和以前一样，
临近黄昏，我们才渐渐习惯，
我们瞌睡着来到歇夜的地方——
而"时间"继续把马赶向前面。

左辅右弼 To understand & interpret

[1] 驿（yì）车：古时供驿站使用的车辆。
[2] 莽撞（mǎng zhuàng）：鲁莽。指言语、行动粗率而不审慎。
[3] 颠簸（diān bǒ）：一连串上下震荡
[4] 沟壑（hè）：溪谷，山涧

信雅互译 To appreciate & translate

The Coach of Life

Alexander Pushkin

Though often somewhat heavy-freighted①,
The coach rolls at an easy pace;
And Time, the coachman, grizzly-pated②,
But smart, alert—is in his place.
We board it lightly in the morning
And on our way at once proceed.
Repose③ and slothful comfort scorning④,
We shout: "Hey, there! Get on! Full speed!"
Noon finds us done with reckless daring,
And shaken up. Now care's the rule.
Down hills, through gulleys⑤ roughly faring⑥,
We sulk, and cry: "Hey, easy, fool!"
The coach rolls on, no pitfalls⑦ dodging⑧.
At dusk, to pains more wonted⑨ grown,
We drowse, while to the night's dark lodging⑩
Old coach time drives on, drives on.

左辅右弼 To understand & interpret

① heavy-freighted [f'reɪtɪd] adj. 重载的
② grizzly-pated ['grɪzli]['peɪtɪd] adj. 白发苍苍
③ repose [rɪ'pəʊz] n. 休息
④ scorn [skɔːn] vt. 蔑视
⑤ gulley ['gʌli] n. 溪谷，沟壑
⑥ fare [feə(r)] vi. 行进，进展
⑦ pitfall ['pɪtfɔːl] n. 陷阱，困难
⑧ dodge [dɒdʒ] vt. 闪开，躲避
⑨ wonted ['wəʊntɪd] adj. 习惯
⑩ lodging ['lɒdʒɪŋ] n. 寄宿处

深稽博考 To learn further & better

  这首诗以"驿车"作为中心意象，寓意人的一生是一场希望与责任的负重前行：始终在驾驶驿车的莽撞车夫是时光老人，而诗人和他心目中的读者都是车上的乘客。诗人别出心裁又高度凝练地以早晨、中午与夜晚概括人生的不同阶段，并通过不同时段乘客的心境变化表现生命的珍贵。晨时的"高兴"描绘青年时血气方刚对未来充满希望，中午的"豪气跌落"抒写壮年时遭遇挫折变得消沉懦弱，而近黄昏的"渐渐习惯"则慨叹老年时归于慵倦变得超脱冷淡。

  诗歌的结尾写道："时间"继续把马赶向前面。生命是一次途中没有驿站的旅行，它不因任何原因而停下，修身的本质是一个长期与自己的恶习和薄弱意志作斗争的过程。我们要时刻警醒：抓紧时间，抓住今天去学习、劳动、创造，让我们的生活充实，让我们的生命有价值。

其人其文 To know about the author

  亚历山大·普希金（Alexander Pushkin，1799—1837），俄国著名文学家、诗人、小说家，现代俄国文学的奠基人。他是19世纪俄国浪漫主义文学的主要代表，同时也是现实主义文学的奠基人、现代标准俄语的创始人，被誉为"俄罗斯文学之父""俄罗斯诗歌的太阳"与"青铜骑士"。高尔基称其为"一切开端的开端"。代表作有《自由颂》《致恰达耶夫》《致大海》等。

俯拾仰取 To digest & improve

我的收获

我们去寻找一盏灯

作者　顾城

选自《顾城的诗》

走了那么远
我们去寻找一盏灯

你说
它在窗帘后面[1]
被纯白的墙壁围绕
从黄昏迁[2]来的野花
将变成另一种颜色
走了那么远
我们去寻找一盏灯

你说
它在一个小站上[3]
注视着周围的荒草
让列车静静驰过
带走温和的记忆
走了那么远
我们去寻找一盏灯

你说
它就在大海旁边[4]
像金橘那么美丽
所有喜欢它的孩子
都将在早晨长大
走了那么远
我们去寻找一盏灯

左辅右弼 To understand & interpret

［1］"它"是家里的灯，象征着家的温暖

［2］"迁"字而非"采"或"摘"，体现诗人的小心呵护

［3］"它"是旅途中的灯，温暖了趋近走远的疲惫旅人

［4］"它"是永恒的灯，象征着光明、纯真，充满希望

信雅互译 To appreciate & translate

We Walk and Seek for a Lamp

Gu Cheng

编者　译

So long a way
We walk and **seek for** a lamp①.
You **whisper**②:
It **hides** behind curtains③
Surrounded by pure white walls.
Lovingly picked from **dusk**
The wild flowers **take on** a different colour.
So long a way
We walk and seek for a lamp.
You whisper:
It stands on a small platform④
Gazing at weeds⑤ around.
Trains **pull out and in**⑥ quietly
Carrying away **tender memories**.
So long a way
We walk and seek for a lamp.
You whisper:
It is just at the **seaside**

40

As beautiful as a kumquat⑦.
All children in love with it
Will grow up in the morn⑧.
So long a way
We walk and seek for a lamp.

左辅右弼　To understand & interpret

① lamp [læmp] n. 灯
② whisper ['wɪspə(r)] n. 耳语，小声说
③ curtain ['kɜːtn] n. 窗帘，帘布
④ platform ['plætfɔːm] 站台，月台
⑤ weed [wiːd] vi. 杂草
⑥ pull out and in [pʊl] 出站进站
⑦ kumquat ['kʌmkwɒt] n. 金柑，金橘
⑧ morn [mɔːn] n.=morning（诗）早上

深稽博考　To learn further & better

顾城这首小诗以"寻找"与"灯"为主题。灯是温暖和光明的象征，也是主人公寻找的理想。诗中，"灯"隐身于窗帘后，照拂野花映向白墙；伫立于荒野车站，注视列车静寂驶过；出现在海滨，宛若金橘般美丽。这三个立体的画面，充满跳跃的动感。白色映衬彩色，枯黄映衬浓绿，蔚蓝映衬金色——每一个意象都色彩鲜明，又意外和谐。我们所见所闻，均能感受到诗人如何寻觅生命的温暖和充盈。

"走了那么远，我们去寻找一盏灯"，这句诗行的反复咏唱，增添了诗歌的韵律美。从"房间"走到"荒野小站"，再走向"浩瀚海边"，预示追求理想之路的漫长、艰辛与不易；但同时路越走越宽阔，孩子将会在早晨成长，体现诗人心境越走越明朗，信念越来越坚定。他相信未来，并且在诗末依然保持往前走的姿态。

世界如此大，岁月如此深。这盏灯代表着这个时代所需要的美好希望与青年人为之奋斗的幸福目标。"路漫漫其修远兮，吾将上下而求索"，为了追求生命的纯度，让我们边走边寻——那生命之灯。

其人其文　To know about the author

顾城（1956—1993），原籍上海，生于北京一个诗人之家。他是中国朦胧诗派的重要代表，被称为当代的"唯灵浪漫主义"诗人。顾城在新诗、旧体诗和寓言故事诗上都有很高的造诣，其《一代人》中的一句"黑夜给了我黑色的眼睛／我却用它寻找光明"成为中国新诗的经典名句。

俯拾仰取 To digest & improve

我的收获

美文吟诵 *To appreciate & read aloud*

To Be or Not to Be (Excerpts)[1]

William Shakespeare

To be, or not to be—that is the question:
Whether 'tis[2] nobler① in the mind to suffer
The slings and arrows② of outrageous③ fortune
Or to take arms against a sea of troubles,
And by opposing end them. To die—to sleep—
No more; and by a sleep to say we end
The heartache, and the thousand natural shocks
That flesh is heir to④. 'Tis a consummation⑤
Devoutly⑥ to be wish'd. To die—to sleep.
To sleep—perchance⑦ to dream: ay, there's the rub!
For in that sleep of death what dreams may come
When we have shuffled⑧ off this mortal coil⑨,
Must give us pause. There's the respect
That makes calamity⑩ of so long life.

左辅右弼 *To understand & interpret*

① nobler ['nəublə] *adj.* 高贵的
② slings and arrows [slɪŋz]['ærəʊz] 命运的矢石，无妄之灾
③ outrageous [aʊt'reɪdʒəs] *adj.* 残暴的
④ be heir to [eə] 继承
⑤ consummation [ˌkɔnsə'meɪʃən] *n.* 完善
⑥ devoutly [dɪ'vaʊtli] *adv.* 虔诚地
⑦ perchance [pə'tʃɑːns] *adv.* 偶然地
⑧ shuffle ['ʃʌfl] *vt.* 摆脱
⑨ mortal coil ['mɔːtl][kɔɪl] 尘世的牵缠
⑩ calamity [kə'læməti] *n.* 不幸，灾难

1　本文节选自莎士比亚《哈姆雷特》的经典独白（第三幕第一场）
2　'tis，等同于 it is 的缩写。莎翁诗里有很多单词拼写与现在不同，要注意。

经典双语晨读

信雅互译 To appreciate & translate

生存还是毁灭（节选）

威廉姆·莎士比亚 著

朱生豪 译

生存还是毁灭，这是一个值得考虑的问题；

默然忍受命运的暴虐的毒箭[1]，或是挺身反抗人世的无涯的苦难，通过斗争把它们扫清，这两种行为，哪一种更高贵？

死了；睡着了；什么都完了；

要是在这一种睡眠之中，我们心头的创痛[2]，以及其他无数血肉之躯所不能避免的打击，都可以从此消失，那正是我们求之不得的结局。

死了；睡着了；睡着了也许还会做梦；

嗯，阻碍就在这儿：因为当我们摆脱了这一具朽腐的皮囊以后，在那死的睡眠里，究竟将要做些什么梦，那不能不使我们踌躇[3]顾虑。

人们甘心久困于患难之中，也就是为了这个缘故。

左辅右弼 To understand & interpret

[1] 命运的暴虐的毒箭：也译作"命运的矢石"，即古代战争的武器

[2] 创痛（chuāng tòng）：因受创伤而感到的疼痛或痛苦

[3] 踌躇（chóu chú）：同"踟蹰"，心中犹疑，徘徊不前的样子

深稽博考 To learn further & better

谈到自省，我们很难绕开莎士比亚的经典悲剧《哈姆雷特》（Hamlet）。剧本讲述了王子哈姆雷特听闻叔父克劳狄斯蓄意谋害其父、篡取王位并强娶其母，决心向叔父复仇的故事。而故事最精彩之处正是哈姆雷特式的"犹豫"——"To be or not to be"（生存抑或毁灭）。而他因犹豫与不确定，一再拖延复仇的时间。他的犹豫有解吗？直到剧

情的最后,他也只留下了"The rest is silence"(唯余沉默)四字。

本节选运用莎翁经典的写作手法"独白",展现了哈姆雷特对于生死的权衡:拼死去和罪恶作战呢,还是消极地忍受世间的不平和痛苦?他的矛盾心理实际上反映了思想和行动之间的关系。他的性格中有刚强正直的一面,却也因付诸行动前思虑过剩,从而为复仇付出了惨重代价。

"一千个人眼中有一千个哈姆雷特"这句话并不假,莎翁给我们的警示或许要通过反复诵读,才能体会其多重深意。但不论顺境或逆境,我们应该始终秉持人文主义情怀,既是思想家,也为行动家,努力将思想付诸行动。

其人其文 To know about the author

威廉姆·莎士比亚(William Shakespeare,1564—1616)是英国文艺复兴时期伟大的剧作家、诗人,欧洲文艺复兴时期人文主义文学的集大成者。代表作有四大悲剧《哈姆雷特》《奥赛罗》《李尔王》《麦克白》;四大喜剧《第十二夜》《仲夏夜之梦》《威尼斯商人》《无事生非》。马克思称他为"人类最伟大的天才之一"。

俯拾仰取 To digest & improve

我的收获

美文吟诵　To appreciate & read aloud

True Nobility

Ernest Hemingway

In a calm sea every man is a **pilot**.

But all sunshine without **shade**, all **pleasure** without pain, is not life at all. Take the lot of the happiest—it is a tangled **yarn**①. Bereavements② and **blessings**, one **following** another, make us sad and blessed **by turns**. Even death itself makes life more loving. Men come closest to their true selves in the sober③ moments of life, under the shadows of **sorrow and loss**.

In the **affairs** of life or of business, it is not intellect④ that tells so much as **character**, not brains so much as heart, not **genius** so much as **self-control**, patience, and discipline⑤, regulated by **judgment**.

I have always believed that the man who has begun to live more seriously **within** begins to live more simply without. In an age of extravagance⑥ and **waste**, I wish I could show to the world how few the real wants of humanity⑦ are.

To **regret** one's errors⑧ **to the point** of not **repeating** them is true repentance⑨. There is nothing **noble** in being superior⑩ to some other man. The true nobility is in being superior to your previous self.

左辅右弼　To understand & interpret

① tangled yarn ['tæŋgld][jɑːn] 缠绕纱线
② bereavement [bɪ'riːvmənt] n. 丧亲之痛
③ sober ['səʊbə(r)] adj. 清醒的
④ intellect ['ɪntəlekt] n. 智力
⑤ discipline ['dɪsəplɪn] n. 自律
⑥ extravagance [ɪk'strævəgəns] n. 奢侈
⑦ humanity [hjuː'mænəti] n. 人类
⑧ error ['erə(r)] n. 错误，差错

46

⑨ repentance [rɪˈpentəns] n. 后悔，懊悔
⑩ superior [suːˈpɪərɪə(r)] adj. 更优越的

信雅互译　To appreciate & translate

真实的高贵

欧内斯特·海明威　著

文飞扬　译

风平浪静的大海上，每个人都是领航员。

但只有阳光而无阴影，只有欢乐而无痛苦，那就不是人生。就拿最幸福的人来说，他的生活也是一团缠结在一起的乱麻。丧亲之痛与幸福祝愿交替出现，使得我们一会儿悲伤一会儿高兴。甚至死亡本身都使得生命更加可爱。在人生的清醒时刻，在哀痛与伤心的阴影之下，人们与真实的自我最为接近。

在人生或者事业的各种事务之中，性格的作用比智力大得多，头脑的作用不如心情，而天资不如由判断所获得的克制、耐心和教养更能让我们受益。

我一向认为，内心活动开始变得更为严谨的人，他也会在外表上开始变得更为朴素。在一个奢侈浪费的年代，但愿我能向世人表明：人类真正需要的东西少得多么可怜。

悔恨自己的过错，而且力求不重蹈覆辙，这才是真正的悔悟。优于别人，并不高贵，真正的高贵应该是优于过去的自己。

深稽博考　To learn further & better

修身，即反省自察，择善而从。以铁血硬汉著称文坛的美国作家海明威常对着"大海"这个意象修身自省，上下求索。在这篇小品文中，作家将人类比作海上领航员，进而探究充盈的物质世界中人类应有的精神追求。文章内容精炼，意义隽永，即便对于当今社会也十分具有意义。

海明威开篇就说了人的一生如同在看似平静的海上航行，但实际上暗流诡谲，悲喜交织，既遇阳光也不惮其阴影，清醒地"与真实的自我最接近"倒也不失为幸。那如何

变得真正高贵，海明威冷静地写道：良好的性格或者谨慎的心态更能决定一个人的行事成败，而非与生俱来的超群才智或者财富。

我们这一代的少年们，要保持理性的克制与追求，始终记得优于别人并不高贵，真正的高贵，应该是优于过去的自己。

其人其文　To know about the author

欧内斯特·海明威（Ernest Hemingway，1899—1961）是美国 20 世纪最著名的小说家之一，也是美国"迷惘的一代"（lost generation）作家中最具代表性的一位。他一向以铁血硬汉的形象示人，但其作品中也不乏对人生、世界、社会的迷茫和彷徨。他擅长创作短、中篇小说，作品《老人与海》曾获得普利策奖与诺贝尔文学奖。而他的《太阳照样升起》与《永别了，武器》两部作品被美国现代图书馆列入"20 世纪中的 100 部最佳英文小说"。

俯拾仰取　To digest & improve

我的收获

美文吟诵 To appreciate & read aloud

Dreams

Langston Hughes

Hold fast① to dreams
For if dreams die
Life is a broken-winged② bird
That cannot fly.
Hold fast to dreams
For when dreams go
Life is a barren③ field
Frozen④ with snow.

左辅右弼 To understand & interpret

① hold fast [həʊld] 紧紧地抓住
② broken-winged [ˈbrəʊkən wɪŋd] 折翼的
③ barren [ˈbærən] *adj.* 贫瘠的
④ frozen [ˈfrəʊzn] *n.* 被冻结的

信雅互译 To appreciate & translate

梦 想

兰斯顿·休斯 著

编者 译

紧紧抓住梦想吧
梦想若是消亡
生命就如那折翼的鸟儿
再不能够飞翔。

紧紧抓住梦想吧
梦想若是消逝
生命就如那贫瘠的荒野
滞于冰天雪地。

深稽博考 To learn further & better

诗人休斯（Hughes）在这首小诗中的自省，是其对于自身与同胞彼时饱受歧视与不公正待遇的审视，也是作为一位美国黑人作家对平等、人权与自由的向往与追求。而对于这个时代的我们而言，这首诗既启发了少年人要时常修身自省，不负韶华；更提醒着我们以梦为马，乐观向上。

小诗内容虽短，但文字巧妙，音调优美，意义隽永。第 1 节的第二、四行以 die 和 fly 押尾韵，而第 2 节的第六、八行以 go、snow 押尾韵，读来十分具有音韵美；诗人用"bird""field"来比喻人的处境。如果梦想消亡（die）或消失（go），那么，人就是一只断了翅膀的鸟儿（a broken-winged bird）或者一块冰雪覆盖的贫瘠荒野（a barren field）。诗人以具象的事物喻人，劝说我们在追梦的路上不忘初心，不改热情。

其人其文 To know about the author

兰斯顿·休斯（Langston Hughes，1902—1967），是美国 20 世纪黑人文学史上（尤其在哈莱姆文艺复兴运动中）最举足轻重的黑人作家之一，被誉为"黑人民族的桂冠诗人"。他尝试过多种体裁的文学作品，尤擅诗歌创作与翻译。本篇小诗《梦想》（Dreams）言简意赅，回味无穷，颇受年轻人喜爱。

俯拾仰取 To digest & improve

我的收获

美文吟诵   *To appreciate & read aloud*

The Road Not Taken

Robert Frost

Two roads diverged① in a yellow **wood**,
And sorry I could not **travel** both.
And be one traveler, long I stood
And looked down one as far as I could
To where it **bent** in the undergrowth②;

Then took the other, **as just as fair**,
And having perhaps the better **claim**,
Because it was **grassy** and wanted wear③;
Though as for that, the passing there
Had worn them really about the same.

And both that morning **equally lay**
In leaves no step had trodden④ black.
Oh, I kept the first for another day!
Yet knowing how way leads on to way,
I **doubted** if I should even come back.

I shall be telling this with a **sigh**⑤
Somewhere ages and ages hence⑥:
Two roads diverged in a wood, and I—
I took the one less traveled by,
And that has made all the difference.

左辅右弼 To understand & interpret

① diverge [daɪ'vɜːdʒ] vi. 分叉，偏离
② undergrowth ['ʌndəɡrəʊθ] n. 树丛
③ wanted wear 未经踏足的
④ trodden ['trɒdn] vt. 被踩，被踏（tread 的过去分词）
⑤ sigh [saɪ] n. 叹息
⑥ hence [hens] adv. 从此，今后

信雅互译 To appreciate & translate

未选择的路

罗伯特·弗洛斯特 著

顾子欣 译

黄色的树林里分出两条路，
可惜我不能同时去涉足。
我在那路口久久伫立，
我向着一条路极目望去，
直到它消失在丛林深处。
但我选了另外一条路，
它荒草萋萋，十分幽寂，
显得更诱人、更美丽，
虽然在这两条小路上，

都很少留下旅人的足迹。

虽然那天清晨落叶满地，
两条路都未经脚印污染。
呵，留下一条路等改日再见！
但我知道路径延绵无尽头，
恐怕我难以再回返。

也许多少年后在某个地方，
我将轻声叹息把往事回顾，
一片树林里分出两条路，
而我选了人迹更少的一条，
从此决定了我一生的道路。

深稽博考 To learn further & better

罗伯特·弗洛斯特（Robert Frost）在旅途中遭遇了在岔道路口二选一的难题：一条路的尽头掩没在树林里；另一条绿草如茵却杳无人迹。他最终选择了那条人迹更少的路，也许更艰辛，却更具魅力。表面上看诗人或许并不特别懊悔自己的选择，却分明可以让读者感觉到他在惋惜没有选择的另一条路。其实这就如同人生之路，每一步都在选择，我们做出抉择，便只能心无旁骛地走下去。

这首诗背后的故事是，38岁的弗洛斯特为了更好地创作诗歌，他郑重地选择了放弃他原本从事的教师职业，远渡重洋来到了英国伦敦。对于当时的他来说，写诗的道路充满了幽寂荒凉。但就像他在诗中说的那样，"And sorry I could not travel both"，他明知诗人这条路可能走起来更艰难，却还是坚定选择了它，并最终成为最受喜爱的美国诗人之一。罗伯特善于运用看似平淡无奇的琐事，来说明某个抽象概念或深刻哲理，本诗便是最好的例子。

其人其文 To know about the author

罗伯特·弗洛斯特（Robert Frost，1874—1963），曾当过新英格兰的鞋匠、教师和农场主，是20世纪最受欢迎的美国诗人之一，被称为"美国文学中的桂冠诗人"，曾获得4次普利策奖和许多其他的奖励及荣誉。他的诗歌从农村生活中汲取题材,《未选择的路》(The Road Not Taken)是其最著名的诗篇之一。

俯拾仰取 To digest & improve

我的收获

On Parents & Filial Piety
父母与孝道篇

第三章
真诚赤子

Parents and children are the best gifts for each other.
父母和子女，是彼此赠与的最佳礼物。

by Viscoon

prologue
章节前言

孔子在《孝经》中说："人之行，莫大于孝。"孝敬父母是我们为人处事最为重要的第一品德，也是儿女们天经地义的义务。中华民族几千年来就一直具有这种尊老敬老的优良传统，孝道文化俨然是一个复合概念，内容丰富、涉及面广，既有文化理念，又有制度礼仪。

我们慎读《入则孝》和《五不孝》之纲要，深味《秋天的怀念》中对母亲的缱绻思念，唏嘘《奇迹的名字叫父亲》的父爱无言，感怀《你是人间的四月天》的呢喃。少年时品读《一位母亲写给世界的一封信》(A Mother's Letter to the World)、沉湎《父亲的爱》(A Father's Love)，长大后通过《论孩子》(On Children) 学得为人父母之道，吟唱《老母亲之歌》(The Song of the Old Mother) 体味母爱的无私。不同的时代，不同的国度，却演绎着相同的主题，那就是——孝敬父母、回报父母。

美文吟诵 To appreciate & read aloud

"入则孝"

作者　李毓秀

选自《弟子规》

父母呼	应勿缓	父母命	行勿懒
父母教	须敬听	父母责	须顺承
冬则温	夏则凊[1]	晨则省	昏则定[2]
出必告	反必面	居有常	业无变
事虽小	勿擅为	苟擅为	子道亏
物虽小	勿私藏	苟私藏	亲心伤
亲所好	力为具	亲所恶	谨为去
身有伤	贻[3]亲忧	德有伤	贻亲羞
亲爱我	孝何难	亲憎我	孝方贤
亲有过	谏使更	怡吾色	柔吾声
谏不入	悦复谏	号泣随	挞[4]无怨
亲有疾	药先尝	昼夜侍	不离床
丧三年	常悲咽	居处变	酒肉绝
丧尽礼	祭尽诚	事死者	如事生

左辅右弼 To understand & interpret

[1] 凊（qìng）：凉爽
[2] 定：安稳、心安
[3] 贻（yí）：让
[4] 挞（tà）：责打

信雅互译 To appreciate & translate

在家中，父母叫唤我们时，应该一听到就立刻回答。父母有事要我们去做，要赶快行动。父母教导我们时，必须恭敬地将话听到心里。犯错了，父母责备我们，应当顺从并且承担过失。

为人子女，冬天要留意父母亲穿得是否暖和。夏天，要考虑父母是否感到凉爽。早晨要向父母亲请安问好；傍晚回来了，也一定要向父母亲报平安。外出时，先告诉父母亲要到哪里去，回家以后，一定面见父母亲，让他们感到心安。日常生活起居作息有一定的秩序，而且对于所从事的事情，不随便改变。

事情虽小，不要擅自做主，假如任意而为，就有损于为人子女的本分，东西虽然很小，也不要背着父母亲偷偷地私藏起来，被父母亲知道了，他们心里一定十分难过。父母亲所喜爱的东西，当子女的都应尽力准备齐全，父母亲所厌恶的，都该小心排除。万一我们的身体受到伤害，会让父母亲忧愁，我们的品格有了缺失，会让父母亲感到羞耻。

父母亲爱护子女，子女能孝顺父母亲，那是极其天然的事，这样的孝顺又有什么困难呢？如果父母亲讨厌我们，却还能够用心尽孝，那才算得上是难能可贵。一般人总认为，父母亲要对子女有所付出后，子女才有行孝的义务，这和菜市场的讨价还价有什么两样呢？

父母亲有了过失，当子女的一定要劝谏改正，而劝谏的时候，脸色要温和愉悦，话语要柔顺平和。假如父母亲不接受我们的劝谏，那要等到父母亲高兴的时候再劝谏。若父母亲仍固执不听，有孝心的人不忍父母亲陷于不义，甚至放声哭泣，来恳求父母亲改过，即使招父母亲责打也毫无怨言。

当父母亲有了疾病，熬好的汤药，做子女的一定要先尝尝，是否太凉或太热。不分白天或夜晚，都应该侍奉在父母亲身边，不可随意离开父母亲太远。

当父母亲不幸去世，必定要守丧三年，守丧期间，因为思念父母亲就常常悲伤哭泣起来，自己住的地方也改为简朴，并戒除喝酒、吃肉的生活享受。办理父母亲的丧事要依照礼仪，不可草率马虎，祭祀时要尽到诚意。对待已经去世的父母亲，要像对待父母亲生前一样恭敬。

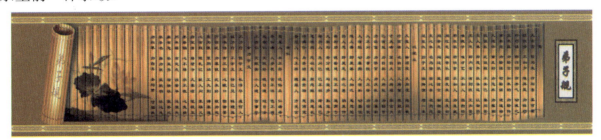

深稽博考 *To learn further & better*

《弟子规》是一部蒙学经典，"弟子"不是小孩子的意思，而是指要做圣贤弟子，而"规"是"夫""见"二字的合体，意思是大丈夫的见识。"弟子规"便是说，要学习圣贤经典，做圣贤弟子，成为大丈夫。全书以通俗的文字、三字韵的形式阐述了学习的重要、做人的道理以及待人接物的礼貌常识等。里面有七个科目，即孝、悌、谨、信、爱众、亲仁、学文，核心思想是儒家的孝悌仁爱。

"入则孝"属于第一个科目，孝悌是中国文化的基础，古人云："百善孝为先。""孝"在今天仍是广大老百姓衡量人的基本标准。一个人只有遵守孝道，他才具有做人的根本，如果连父母都不孝顺，其他方面也就可想而知了。

同学们，我们如果能做到孝顺自己的父母，那么就会有一颗善良仁慈的心，有了这份仁心，我们再推而广之就可以惠及身边许许多多的人，何乐而不为呢？

其人其文　To know about the author

李毓秀（1647—1729），字子潜，号采三，清初著名学者、教育家。他的人生经历平实，致力于治学，精研《大学》《中庸》，创办敦复斋讲学，被人尊称为李夫子。根据传统对童蒙的要求，也结合自己的教书实践，他写成了《训蒙文》，后来经过贾存仁修订，改名《弟子规》，该书与《三字经》《百家姓》《千字文》有同等影响。

俯拾仰取　To digest & improve

我的收获

美文吟诵　To appreciate & read aloud

五不孝

作者　孟子及其弟子

选自《孟子·离娄下》

世俗所谓不孝者五：惰其四支[1]，不顾父母之养，一不孝也；博弈、好饮酒，不顾父母之养，二不孝也；好货财，私[2]妻子，不顾父母之养，三不孝也；从[3]耳目之欲，以为父母戮[4]，四不孝也；好勇斗很[5]，以危父母，五不孝也。

左辅右弼　To understand & interpret

[1] 四支：即四肢
[2] 私：偏爱
[3] 从：同"纵"，放纵
[4] 戮（lù）：羞辱
[5] 很：通"狠"

信雅互译　To appreciate & translate

通常认为不孝的情况有五种：四肢懒惰，不愿赡养父母，这是第一种；酗酒聚赌，不愿赡养父母，这是第二种；贪吝钱财，只顾老婆孩子，不愿赡养父母，这是第三种；放纵声色享乐，使父母感到羞辱，这是第四种；逞勇好斗，连累父母，这是第五种。

深稽博考　To learn further & better

《五不孝》提倡孝敬父母，强调赡养父母人人有责，具有非常重要的现实意义。

这段话明确告诉我们不要做五种不孝的人：懒惰，不去工作，不去谋生，不养父母，是第一种不孝。第二种是赌钱、喝酒，钱不够用就去借，只顾自己吃喝玩乐，不顾父母的孝养。第三种是这段话的重点，那些贪恋钱财的人，对自己的妻子儿女很偏袒，老婆要什么就给什么；而父母要什么则做不到，甚至连父母的生活问题也不管。而第四种是指喜欢声色之乐，上歌厅、进舞厅、交女朋友，到处玩。没有钱就去偷去抢，为非作歹，触及法律，连累父母。过度放纵自己的欲望，使父母受到耻辱是为不孝。而那些喜欢逞勇力，好打架，动不动拿起刀来伤人杀人，处处争强好胜危害了父母的人，就是第五种不孝。

"百善孝为先。"我们只有勤劳苦干、自力更生、合理规划、控制不良欲望、遇事沉着冷静、多替父母着想，才是真正意义上的"孝"！

其人其文 To know about the author

孟子（公元前372年—前289年），名轲，字子舆，中国古代著名思想家、教育家，战国时期儒家代表人物。孟子继承并发扬了孔子的思想，成为仅次于孔子的一代儒家宗师，有"亚圣"之称，与孔子合称为"孔孟"。孟子的文章说理畅达、气势充沛并长于论辩，逻辑严密，尖锐机智，代表着传统散文写作最高峰，著有《孟子》一书。

俯拾仰取 To digest & improve

我的收获

秋天的怀念

作者　史铁生

选自《史铁生散文》

　　双腿瘫痪后，我的脾气变得暴怒无常。望着天上北归的雁阵，我会突然把面前的玻璃砸碎；听着李谷一甜美的歌声，我会猛地把手边的东西摔向四周的墙壁。母亲就悄悄地躲出去，在我看不见的地方偷偷地听着我的动静。当一切恢复沉寂，她又悄悄地进来，眼边红红的，看着我。"听说北海的花儿都开了，我推着你去走走。"她总是这么说。母亲喜欢花，可自从我的腿瘫痪后，她侍弄[1]的那些花都死了。"不，我不去！"我狠命地捶打这两条可恨的腿，喊着："我活着有什么劲！"母亲扑过来抓住我的手，忍住哭声说："咱娘儿俩在一块儿，好好儿活，好好儿活……"可我却一直都不知道，她的病已经到了那步田地。后来妹妹告诉我，她常常肝疼得整宿[2]整宿翻来覆去地睡不了觉。

　　那天我又独自坐在屋里，看着窗外的树叶"唰唰啦啦"地飘落。母亲进来了，挡在窗前："北海的菊花开了，我推着你去看看吧。"她憔悴的脸上现出央求般的神色。"什么时候？""你要是愿意，就明天？"她说。我的回答已经让她喜出望外了。"好吧，就明天。"我说。她高兴得一会坐下，一会站起："那就赶紧准备准备。""哎呀，烦不烦？几步路，有什么好准备的！"她也笑了，坐在我身边，絮絮叨叨[3]地说着："看完菊花，咱们就去'仿膳'，你小时候最爱吃那儿的豌豆黄儿。还记得那回我带你去北海吗？你偏说那杨树花是毛毛虫，跑着，一脚踩扁一个……"她忽然不说了。对于"跑"和"踩"一类的字眼儿。她比我还敏感。她又悄悄地出去了。

　　她出去了。就再也没回来。

　　邻居们把她抬上车时，她还在大口大口地吐着鲜血。我没想到她已经病成那样。看着三轮车远去，也绝没有想到那竟是永远的诀别。

　　邻居的小伙子背着我去看她的时候，她正艰难地呼吸着，像她那一生艰难的生活。别人告诉我，她昏迷前的最后一句话是："我那个有病的儿子和我那个还未成年的女儿……"

　　又是秋天，妹妹推我去北海看了菊花。黄色的花淡雅、白色的花高洁、紫红色的花热烈而深沉，泼泼洒洒，秋风中正开得烂漫。我懂得母亲没有说完的话。妹妹也懂。我俩在一块儿，要好好儿活……

左辅右弼 To understand & interpret

[1] 侍弄（shì nòng）：整治；料理
[2] 整宿（xiǔ）：整个晚上
[3] 絮絮叨叨（xù xù dāo dāo）：形容说话啰唆，唠叨

信雅互译 To appreciate & translate

当一切恢复沉寂，她又悄悄地进来，眼边红红的，看着我。
When I calmed down, she would come back softly and gaze at me with sad eyes.
北海的菊花开了，我推着你去看看吧。
The chrysanthemums① in Beihai are blossoming②, do let me take you there for a visit.
黄色的花淡雅、白色的花高洁、紫红色的花热烈而深沉，泼泼洒洒，秋风中正开得烂漫。
The yellow ones were simple and elegant; the white ones, pure and noble; and the purple ones, warm and deep; all were in full bloom③, dancing in the autumn breeze.

【注释】

① chrysanthemum [krɪˈzænθəməm] n. 菊花
② blossom [ˈblɒsəm] v. 开花
③ in full bloom 盛开

深稽博考 To learn further & better

人一辈子最温馨的港湾，就是母亲那暖暖的怀抱。一位重病缠身的母亲，为了儿子能坚强地生活下去，隐瞒了自己"到了那步田地"的肝癌，还体贴入微地照顾双腿瘫痪的儿子，只希望他能勇敢、乐观地"好好儿活"。母亲"想推我去看菊花"这一最后的"怀抱"，留给"我"的却是一辈子的遗憾和伤痛。

母亲的"好好儿活"一直是史铁生的人生信念，即使尿毒症造成的肾衰竭使他经常

昏迷，每周透析两次，但他仍坚强坦然地面对这一切，并且用笔杆子来诠释"好好儿活"的生命真谛。

"母爱"这一字眼，值得我们用一生去崇敬；"好好儿活"这一嘱托，值得我们用一生去演绎：无论选择怎样的人生之路，无论路上遭遇怎样的厄运，都要活出坚韧，活出尊严，活出自我生命的个性与美丽！

其人其文 To know about the author

史铁生（1951—2010）：中国作家、散文家。因病双腿瘫痪并发展到尿毒症，需要靠透析维持生命，自称"职业是生病，业余在写作"。他是中国当代文学的一个精神标志，其作品总能传达一种人生智慧，在孤独寂寞的精神苦旅中高扬起人的理想、信仰和追求。代表作有《我的遥远的清平湾》《命若琴弦》《我与地坛》《病隙碎笔》《务虚笔记》等。

俯拾仰取 To digest & improve

我的收获

奇迹的名字叫父亲

作者　叶倾城

选自《倾城十年》

1948年，在一艘横渡大西洋的船上，有一位父亲带着他的小女儿，去和在美国的妻子会合。

海上风平浪静，晨昏瑰丽的云霓[1]交替出现。一天早上，男人正在舱里用腰刀削苹果，船却突然剧烈地摇晃，男人摔倒时，刀子扎在他胸口。人全身都在颤，嘴唇瞬间乌青。

6岁的女儿被父亲瞬间的变化吓坏了，尖叫着扑过来想要扶他。他却微笑着推开女儿的手："没事，只是摔了一跤。"然后轻轻地拾起刀子，很慢很慢地爬起来，不引人注意地用大拇指揩[2]去了刀锋上的血迹。

以后三天，男人照常每晚为女儿唱摇篮曲，清晨替她系好美丽的蝴蝶结，带她去看大海的蔚蓝，仿佛一切如常。而小女儿尚不能注意到父亲每一分钟都比上一分钟更衰弱、苍白，他看向海平线的眼光是那样忧伤。

抵达的前夜，男人来到女儿身边，对女儿说："明天见到妈妈的时候，请告诉妈妈，我爱她。"

女儿不解地问："可是你明天就要见到她了，你为什么不自己告诉她呢？"

他笑了，俯身，在女儿额上深深留下一个吻。

船到纽约港了，女儿一眼便在熙熙攘攘[3]的人群里认出母亲，她在喊着："妈妈！妈妈！"

就在这时，周围忽然一片惊呼，女儿一回头，看见父亲已经仰面倒下，胸口血如井喷，霎时间染红了整片天空……

尸解的结果让所有人惊呆了：那把刀无比精确地洞穿了他的心脏，他却多活了三天，而且不被任何人察觉。唯一可能的解释是因为创口太小，使得被切断的心肌依原样贴在一起，维持了三天的供血。

这是医学史上罕见的奇迹。在医学会议上，有人说要称它大西洋奇迹，有人建议以死者的名字命名，还有人说要叫它神迹……

"够了。"那是一位坐在首席的老医生，须发俱白，皱纹里满是人生的智慧，此刻一声大喝，然后一字一顿地说："这个奇迹的名字，叫父亲。"

左辅右弼　To understand & interpret

[1] 云霓（ní）：虹或借指高空，这里指云彩

[2] 揩（kāi）：抹、擦

[3] 熙熙攘攘（xī xī rǎng rǎng）：形容人来人往，非常热闹

信雅互译　To appreciate & translate

海上风平浪静，晨昏瑰丽的云霓交替出现。
Seas were calm and magnificent① clouds appeared alternately②.
清晨替她系好美丽的蝴蝶结，带她去看大海的蔚蓝，仿佛一切如常。
He tied a beautiful bow③ for her in the morning and took her to see the blue seas. Life seemed to go on as usual.
这个奇迹的名字，叫父亲。
We called Father the miracle④.

【注释】
① magnificent [mæɡˈnɪfɪsnt] adj. 壮丽的
② alternately [ɔːlˈtɜːnətli] adv. 交替地
③ bow [baʊ] n. 蝴蝶结
④ miracle [ˈmɪrəkl] n. 奇迹

深稽博考　To learn further & better

本文不足千字，不加任何雕饰，娓娓道出了一个创造了生命奇迹的故事：父亲为了照顾女儿回纽约，在刀插进心脏的情况下顽强地活了三天来照顾女儿。看似平淡的文字，实则爆发出震撼人心的力量，读后却让人心情久久不能平静：船靠岸，父亲倒下了，但一个伟岸的形象矗立在读者眼前。

"小事成就大事，细节成就完美。"作者善于通过细节描写来表现人物形象，特别是"嘴"和"手"的描写。刀插进胸口时，全身颤抖的他"嘴唇瞬间乌青"，女儿尖叫着来扶他时的"微笑着推开""轻轻地拾起""用大拇指揩去了刀锋上的血迹"，嘴和手的描写尽显微小，但读者又能感受到父亲忍受着的巨大疼痛，以小（细微描写）见大（整体形象）地刻画出一个"大写"的父亲形象：坚韧顽强，以超凡的毅力创造了生命的奇迹，使读者在细微之处感受到深沉厚重的父爱。

平日里，我们常常感觉絮叨的母爱伴随左右，但请不要忘记：与母爱一样，父爱无言，父爱无私，父爱无悔，任何赞美之辞都黯然失色。

其人其文 To know about the author

叶倾城，原名胡庆云，作家，1995年开始文学创作，是《读者》杂志的签约作家。其散文隽永悠长，多取材于平凡人生的真实感悟，以女性特有的感性和细腻给读者带来愉悦和启迪。作品有《爱是一生的修行》《倾城十年》《一杯闲，半生愁》《原配》《心碎之舞》《麒麟夜》等。

俯拾仰取 To digest & improve

我的收获

美文吟诵　To appreciate & read aloud

游子吟

作者　孟郊

选自《唐诗三百首》

慈母手中线，游子身上衣。
临行密密缝，意恐[1]迟迟归。
谁言寸草[2]心，报得三春晖[3]。

左辅右弼　To understand & interpret

[1] 意恐：担心
[2] 寸草：小草，这里比喻子女
[3] 三春晖（huī）：春天灿烂的阳光，指慈母之恩

信雅互译　To appreciate & translate

Song of the Parting Son

Meng Jiao

许渊冲　译

From the threads a mother's hand weaves①,
A grown for parting② son is made.
For fear his return be delayed③.
Such kindness as young grass receives,
From the warm sun can't be repaid④.

【注释】
① weave [wiːv] vi. 纺织，编成
② parting [ˈpɑːtɪŋ] adj. 离别，分开的

③ delay [dɪ'leɪ] v. 延迟

④ repay [rɪ'peɪ] v. 偿还，报答

深稽博考 To learn further & better

全诗仅30字，采用白描的手法，通过描写一个母亲在孩子临行前缝衣的场景，歌颂了母爱的伟大与无私，表达了诗人对母亲深深的爱与尊敬。

"慈母手中线，游子身上衣"两句，把"线"与"衣"这两种生活中的寻常物件和"慈母""游子"紧紧联系在一起，点出了母子相依为命的骨肉之情。"临行密密缝，意恐迟迟归"两句则是通过刻画慈母为游子赶制出门衣服的动作和心理，深化这种骨肉之情。母亲千针万线"密密缝"是因为怕儿子"迟迟"难归。这一慈母形象通过日常生活中的细节自然地流露出来，特别令人感动。最后作者在"谁言寸草心，报得三春晖"这两句名句中直抒胸臆，对母爱做尽情的讴歌，寄托了赤子炽热的情意。

本诗语言淳朴素淡，情感真挚自然，是一首母爱的赞歌，值得细细品味，让我们从这字里行间，体悟深沉无私的母爱吧！

其人其文 To know about the author

孟郊（751—814），字东野，湖州武康（今浙江德清县）人，唐代著名诗人，有"诗囚"之称，又与贾岛齐名，人称"郊寒岛瘦"。孟郊两试进士不第，46岁时才中进士，由于不能舒展抱负，遂放迹山林，徘徊赋诗，清寒终身，故其诗也多写世态炎凉，民间苦难。现存诗歌574多首，以短篇的五言古诗最多，代表作有《游子吟》，《孟东野诗集》10卷。

俯拾仰取 To digest & improve

我的收获

美文吟诵 To appreciate & read aloud

你是人间的四月天

——一句爱的赞颂

作者　林徽因

选自《人间四月天》

我说，你是人间的四月天；笑音点亮了四面风；轻灵在春的光艳中交舞着变。

你是四月早天里的云烟，黄昏吹着风的软，星子在无意中闪，细雨点洒在花前。

那轻，那娉婷[1]，你是，鲜妍百花的冠冕[2]你戴着，你是天真，庄严，你是夜夜的月圆。

雪化后那片鹅黄，你像；新鲜初放芽的绿，你是；柔嫩喜悦水光浮动着你梦期待中白莲。

你是一树一树的花开，是燕在梁间呢喃[3]，——你是爱，是暖，是希望，你是人间的四月天！

左辅右弼 To understand & interpret

[1] 娉婷（pīng tíng）：形容女子的姿态美
[2] 冠冕（guān miǎn）：文中指王冠
[3] 呢喃（ní nán）：拟声词，形容像燕子叫声那样的轻声细语

信雅互译 To appreciate & translate

You are the spring of this world

Lin Huiyin

黄新渠　译

I think you are the April of this world,
Sure, you are the April of this world.

经典双语晨读

Your laughter has **lit up**① all the wind,
So gently **mingling**② with the spring.

You are the clouds in early spring,
The dusk wind **blows** up and down.
And the stars **blink**③ now and then,
Fine rain drops down amid the flowers.

So gentle and **graceful**,
You are **crowned**④ with **garlands**⑤.
So **sublime**⑥ and **innocent**⑦,
You are a full moon over each evening.

The snow **melts**, with that light yellow,
You look like the first **budding** green.
You are the soft joy of white lotus
Rising up in your fancy **dreamland**.

You're the blooming flowers over the trees,
You're a **swallow** twittering⑧ between the beams;
Full of love, full of warm hope,
You are the spring of this world!

【注释】

① lit up 点亮

② mingling ['mɪŋglɪŋ] n. 混合

③ blink [blɪŋk] v. 眨眼

④ crown [kraʊn] vt. 加冕

⑤ garland [ɡɑːlənd] n. 花环

⑥ sublime [sə'blaɪm] adj. 庄严的

⑦ innocent ['ɪnəsnt] adj. 天真的

⑧ twittering ['twɪtərɪŋ] n. 呢喃

深稽博考　To learn further & better

旷世才女林徽因善于捕捉巧妙的意象来描写细腻的情感，本文用"人间的四月天"来写对儿子梁从诫的爱，充满诗情画意、柔情蜜意，可谓独具匠心，极富创造力和想象力。

诗人用了重重叠叠的比喻和意象，不但完美地展现出了四月的活泼与清丽，而且把爱比作四月天里的光艳轻灵、柔和恬静、鲜妍庄严、新鲜柔嫩和融暖缠绵，全方位展现了这位母亲的爱之深、情之切、意之浓。诗歌一到四节句式基本相同，形成复沓，节奏明快，营造出形式与情感高度结合的独具特色的意境美、内容美、色彩美、形式美和音韵美。林徽因真不愧为"一代才女"！

四月天带给了我们永恒的春天，四月天在我们心中留下了最美好的回忆，四月天帮我们定格住圣洁的母爱，是一首值得中职生常读常新的天籁之作。

其人其文 To know about the author

林徽因（1904—1955）原名林徽音，建筑师、作家、新月派诗人之一，是中国第一位女性建筑学家，被胡适誉为中国一代才女。20世纪30年代，与丈夫梁思成用现代科学方法研究中国古代建筑，成为这个学术领域的开拓者。在文学方面，她一生著述很多，包括散文、诗歌、小说、剧本、译文和书信等，均属佳作。代表作有《你是人间的四月天》《九十九度中》《莲灯》，出版诗集《林徽因诗集》等。

俯拾仰取 To digest & improve

我的收获

美文吟诵 To appreciate & read aloud

A Mother's Letter to the World

Annie Stone

Dear world:

My son starts school today. It's going to be strange and new to him for a while. And I wish you would **sort of** treat him **gently**.

You see, up to now, he's been king of the roost and boss of the backyard. I have always been around to repair his wounds, and to soothe① his feelings.

But now, things are going to be different.

This morning, he's going to walk down the front steps, wave his hand to me, and start on his great **adventure**② that will probably include wars, tragedies and **sorrows**. It takes faith, love and courage to live his life in the world he has to live in.

So, world, I wish you would take him by his young hand and teach him the things he will have to know. Teach him—but gently, if you can. Teach him that for every bad man, there is a hero; that for every crooked③ **politician**, there is a **dedicated** leader, that for every enemy, there is a friend. Teach him the wonders of the books. Give him quiet time to **ponder** the eternal mystery of birds in the sky, bees in the sun, and flowers on the greenhill. Teach him that it is far more honorable to fail than to cheat. Teach him to have faith in his own ideas, even if everyone else tells him they are wrong. Teach him to sell his brawn④ and brains to the highest **bidder**⑤, but never to put a price on his heart and soul. Teach him to close his ears to a howling mob⑥, to stand and fight if he thinks he is right. Teach him gently, but don't coddle⑦ him, because only the test of fire makes fine steel.

It is a big order. See what you can do. He is such a nice little fellow.

左辅右弼 To understand & interpret

① soothe [suːð] vt. 安慰；使平静
② adventure [əd'ventʃə(r)] n. 冒险
③ crooked ['krʊkɪd] adj. 不正直的

④ brawn [brɔːn] *n.* 发达的肌肉
⑤ bidder ['bɪdə(r)] *n.* 投标人；出价人
⑥ howling mob 咆哮的暴徒
⑦ coddle ['kɒdl] *vt.* 娇养；溺爱

信雅互译 To appreciate & translate

一位母亲写给世界的信

安妮·斯通 著

编者 译

亲爱的世界：

我的儿子今天要开始上学读书了。一时之间，他会感觉陌生而又新鲜。而我希望你能待他温柔一些。

你瞧，到现在为止，他一直是家中的小皇帝；一直是后院的王者。我一直在他身旁，总是忙着为他治疗伤口，慰藉他的心情。

但是现在——一切都将不同了。

今天清晨，他就要走下屋前的台阶，冲我挥挥手，踏上他伟大的历险征程，其间或许有争斗、不幸或者伤痛。要在这个世界上生存度日，他需要信念、爱心和勇气。

所以，世界啊，我希望你能够握住他稚嫩的小手，教育他应当知晓的事情。教他吧——如果可能的话，温柔一些。教他知道，每有恶人之地，必有豪杰所在；每有奸诈小人，必有献身义士；每见一敌人，必有一友在侧。教他感受书本的神奇魅力。给他时间静思大自然中亘古[1]绵传之奥秘：天空中的飞鸟，日光里的蜜蜂，青山上的簇簇繁花。教他知道，失败远比欺骗更为光荣；教他坚定自我的信念，哪怕人人予以否认；教他可以最高价付出自己的精力和智慧，但绝不可出卖良心和灵魂；教他置群氓[2]的喧器[3]于度外……并在自觉正确之时挺身而战。请温柔地教导他吧，世界，但是不要骄纵他。因为只有烈火的考验才能炼出真钢。

此要求诚为冒昧，但是请尽你所能。他是一个如此可爱的小家伙。

左辅右弼 To understand & interpret

[1] 亘（gèn）古：自古以来

［2］群氓（méng）：指聚集起来的表现为同质均一心理意识的人类群体

［3］喧嚣（xuān xiāo）：叫嚣，喧嚷

深稽博考　To learn further & better

谈及父母与亲情，有人说：天之高，永不及于母亲思念儿女之情；海之阔，永不广于母亲疼爱儿女之心！人世间最伟大的爱莫过于母亲的爱。她的爱如同春雨般滋润温柔，她的爱如同阳光般温暖如春，她的爱如同清泉般晶莹澄澈。

在这封写给世界的书信中，作者采用了拟人化的写作手法，表达了一位母亲对儿子深沉的关爱和殷切的期望。这位朴实善良的母亲希望儿子能够被世界温柔以待，希望儿子在得到世界的关爱与帮助的同时能够经受住世界的考验并健康成长。相信这是一位母亲写给世界的信，也是写给社会的信。这是一位母亲的重托，更是每一位母亲的重托。

作为中职生的我们在体会这位母亲的爱的同时更要学会为人善良，富有爱心，诚实谦逊。

其人其文　To know about the author

母亲节（Mother's Day），起源于美国，是一个感谢母亲的节日。作为一个全国性的节日，母亲节是由一位名叫贾维斯的妇女倡导，并由她的女儿安·贾维斯发起并创立的，同时将时间定在了五月的第二个星期日。这一天，母亲们通常会收到礼物，表达爱、魅力和尊敬的康乃馨则被视为献给母亲的花。而中国的母亲花是萱草花，又叫忘忧草。

俯拾仰取　To digest & improve

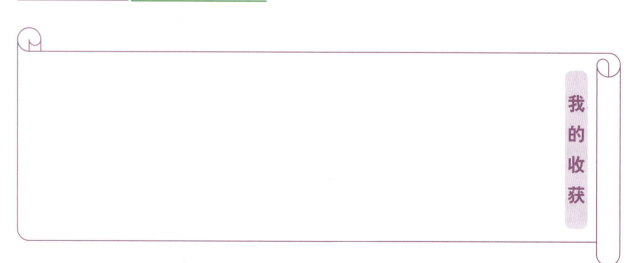

我的收获

美文吟诵 *To appreciate & read aloud*

A Father's Love（Excerpts）

Daddy just didn't know how to show love. It was Mom who held the family together. He just went to work every day and came home; she'd have a list of sins① we'd committed② and he'd scold③ us about them.

I broke my leg once on the playground swing and it was Mom who held me in her arms all the way to the hospital. Dad pulled the car right up to the door of the emergency④ room and when they asked him to move it saying the space was reserved for emergency vehicles, He shouted, "What do you think this is? A tour bus?"

When I leaf through picture albums⑤, people always ask, "What does your Dad took like?" "Who knows? He was always fiddling around with the camera taking everyone else's picture. I must have a zillion⑥ pictures of Mom and me smiling together."

I remember when Mom told him to teach me how to ride a bicycle. I told him not to let it go, but he said it was time. I fell and Mom ran to pick me up, but he waved⑦ her off. I was so mad that I showed him, got right back on that bike and rode it myself. He didn't even feel embarrassed⑧ and just smiled.

Whenever I called home, he acted like he wanted to talk, but he always said, "I'll get your mother." When I got married, it was Mom who cried. He just blew his nose loudly and left the room. All my life he said, "Where are you going? What time are you coming home? No, you cannot go."

Daddy just didn't know how to show love, unless.... Is it possible he showed it and didn't recognize it ?

左辅右弼 *To understand & interpret*

① sin [sɪn] *vt.* 罪恶

② committed [kəˈmɪtɪd] *n.* 犯下

③ scold [skəʊld] *vt.* 骂；责骂

④ emergency [ɪˈmɜːdʒənsi] *adj.* 紧急的

⑤ album [ˈælbəm] n. 相册
⑥ zillion [ˈzɪljən] adj. 无限数的
⑦ wave [weɪv] v. 挥手
⑧ embarrassed [ɪmˈbærəst] adj. 尴尬的

信雅互译 To appreciate & translate

父亲的爱（节选）

编者 译

爸爸不懂得怎样表达爱，使我们一家人融洽相处的是妈妈。他只是每天上班下班，而妈妈则把我们做过的错事开列清单，然后由他来责骂我们。

我在运动场荡秋千跌断了腿，在前往医院途中一直抱着我的，是我妈妈。爸爸把汽车停在急诊室门口，他们叫他驶开，说那空位置是留给紧急车辆停放的。爸爸听了便叫嚷道："你以为这是什么车？旅游车？"

我翻阅照相册时，人们总是问："你爸爸是什么样子的？"天晓得！他老是忙着替别人拍照，妈妈和我笑容可掬地一起拍的照片，多得不可胜数[1]。

我记得妈妈有一次叫他教我骑自行车。我叫他别放手，但他说是应该放手的时候了。我摔倒之后，妈妈跑过来扶我，爸爸却挥手要她走开。我当时生气极了，决心要给他点儿颜色看。于是我马上再爬上自行车，而且自己骑给他看，他只是微笑。

每次我打电话回家，他似乎都想跟我说话，但结果总是说："我叫你妈妈来听。"我结婚时，掉眼泪的是我妈妈。他只是大声擤[2]了一下鼻子，便走出房间。我从小到大都听他说："你到哪里去了？什么时候回家？不，不准去。"爸爸不知道怎样表达爱。除非……

会不会是他已经表达了，而我却未能察觉？

左辅右弼 To understand & interpret

[1] 不可胜（shèng）数：数也数不过来，形容数量极多
[2] 擤（xǐng）：捏住鼻子，用气排出鼻涕

深稽博考 To learn further & better

都说母爱如水，父爱如山。山，为我们遮风挡雨；水，为我们滋养心田。母爱因为显露常被人所称颂，而父爱好像海底深潭似的容易被人淡忘。孩子们的跌倒和哭泣换来的是母亲的安慰，声声劝说，而父亲毫不在意。孩子无休止的要求，母亲会尽量给以满足，而父亲会拒绝，甚至招来一顿臭骂。冰心说："父爱是沉默的，如果你感觉到了，那就不是父爱了！"是的，父亲在大多数时候，都是沉默不语的，都是默默付出的，都是多做少说的。

这篇文章中的父亲跟大多数父亲一样，他会因为"我"的腿摔坏了而急得跟医院的人理论车辆停放位置的问题，他会为了我能够学会骑自行车而用他那独特的方式激励"我"，他的每次欲言又止让我明白这是一种深藏于内心的无法用任何文字和语言来表达的父爱。这种爱沉默、威严、粗犷却不乏细腻。

希望同学们能够细细感受这严厉而又沉默的父爱，并且学着爱护自己亲爱的父亲。

其人其文 To know about the author

父亲节（Father's Day），约始于20世纪初，起源于美国。最广泛的日期在每年6月的第三个星期日，世界上有52个国家和地区是在6月的第三个星期日庆祝父亲节。

中国的父亲节可追溯到民国时代。民国三十四年的八月八日（1945年8月8日），上海文人所发起了庆祝父亲节的活动，市民立即响应，举行庆祝活动。抗日战争胜利后，上海市各界名流绅士，联名请上海市政府转呈南京中央政府，定"爸爸"谐音的八月八日为父亲节。

俯拾仰取 To digest & improve

我的收获

美文吟诵 To appreciate & read aloud

On Children

Gibran Kahlil Gibran

Your children are not your children.

They are the sons and daughters of Life's longing for① itself.

They come through you but not from you, And though they are with you, yet they belong not to you.

You may give them your love but not your thoughts,

For they have their own thoughts.

You may house their bodies but not their souls,

For their souls dwell in② the house of tomorrow, which you cannot visit, not even in your dreams.

You may strive to be like them, but seek not to make them like you.

For life goes not backward nor tarries with yesterday.

You are the bows③ from which your children as living arrows④ are sent forth.

The archer⑤ sees the mark upon the path of the infinite⑥, and he bends you with his might,that his arrows may go swift and far⑦.

Let your bending in the archer's hand be for gladness;

For even as he loves the arrow that flies, so he loves also the bow that is stable.

左辅右弼 To understand & interpret

① long for 渴望
② dwell in 居住在
③ bow [baʊ] n. 弓
④ arrow ['ærəʊ] n. 箭
⑤ archer ['ɑːtʃə(r)] n. 弓箭手
⑥ the path of the infinite 无穷之间
⑦ go swift and far 走得快又远

信雅互译 To appreciate & translate

论孩子

纪伯伦·哈利勒·纪伯伦 著

冰心 译

你们的孩子，都不是你们的孩子。
乃是"生命"为自己所渴望的儿女。
他们是借你们而来，却不是从你们而来。
他们虽和你们同在，却不属于你们。

你们可以给他们爱，却不可以给他们思想。
因为他们有自己的思想。
你们可以荫庇[1]他们的身体，却不能荫蔽[2]他们的灵魂。
因为他们的灵魂，是住在"明日"的宅中，那是你们在梦中也不能想见的。
你们可以努力去模仿他们，却不能使他们像你们。
因为生命是不倒行的，也不与"昨日"一同停留。

你们是弓，你们的孩子是从弦上发出的生命的箭矢[3]。
那射者在无穷之间看定了目标，也用神力将你们引满，使他的箭矢迅速而遥远地射了出来。

让你们在射者手中的"弯曲"成为喜乐吧。
因为他爱那飞出的箭，
也爱那静止的弓。

左辅右弼 To understand & interpret

[1] 荫庇（yìn bì）：比喻尊长照顾晚辈或祖宗保佑子孙
[2] 荫蔽（yīn bì）：隐蔽
[3] 箭矢（jiàn shǐ）：箭头

深稽博考 To learn further & better

纪伯伦的散文诗清新奇特，不仅给人以美不胜收的感受，还饱含着哲理和对人生的思索。他的代表作品《先知》意境优美、思想深刻，被公认为是其"顶峰之作"。《论孩子》便是散文诗集《先知》中的一篇典型的以"定义式"的形式来阐述孩子与父母之间关系的作品。

在本诗中，诗人分三个层面来论述为人父母之道。第一个层面是关于孩子的所属权的问题。他开门见山提出，孩子是一个独立个体，他生来是属于他自己本身的。第二个层面是关于父母对子女的爱的问题。他认为父母能够做到荫庇孩子的身体却无法荫蔽他们的灵魂，要懂得放手让孩子自我成长。第三个层面论述父母与子女的终极关系。诗人将父母比喻为"弓"，将孩子比喻为"箭"。弓是来给箭助力的，而射者是控制弓和箭的。拥有神力的射者通过父母给予孩子力量和帮助，让孩子能够自我成长。

这首诗教会我们，不管是父亲还是母亲抑或是其他教育者，我们都应学会尊重孩子，尊重孩子的选择。

其人其文 To know about the author

纪伯伦·哈利勒·纪伯伦（Gibran Kahlil Gibran，1883—1931），黎巴嫩裔美国诗人、作家、画家，被称为"艺术天才"，是阿拉伯现代文学和艺术的主要奠基人，20世纪阿拉伯新文学道路的开拓者之一。他与印度诗人泰戈尔齐名，并称为"站在东西方文化桥梁上的两位巨人"。代表作品有《泪与笑》《先知》《沙与沫》等。

俯拾仰取 To digest & improve

我的收获

美文吟诵 *To appreciate & read aloud*

The Song of the Old Mother

William Butler Yeats

I rise in the **dawn**①, kneel and blow,
Till the seed of fire flicker and glow.
And then I must **scrub** and **bake** and sweep,
Till stars are beginning to blink and peep.
And the young lie long and dream in their bed
Of the **matching** of **ribbons** for bosom② and head.
And their day goes over **idleness**③,
And they **sigh**④ if the wind but **lift**⑤ the tress⑥.
While I must work, because I am old,
And the **seed** of the fire gets **feeble**⑦ and cold.

左辅右弼 *To understand & interpret*

① in the dawn 在黎明
② bosom ['bʊzəm] n. 胸，胸怀
③ idleness ['aɪdlnəs] n. 懒惰，闲散
④ sigh [saɪ] n. 叹气
⑤ lift [lɪft] v. 散开
⑥ tress [tres] n. 一绺头发
⑦ feeble ['fiːbl] adj. 微弱的

信雅互译 To appreciate & translate

老母亲之歌

威廉·巴特勒·叶芝 著

傅浩 译

我黎明即起，跪地吹火，
直到炉中火熠熠闪烁[1]；
然后做饭擦地扫房间，
直到天上星眨眼偷看；
年轻人卧床久睡梦想，
胸饰头饰是否正相当，
她们的日子逍遥安逸[2]，
风吹发梢她们也叹息。
我得劳作因为我老了，
火苗变得愈凉愈小了。

【注释】

[1] 熠熠（yì）闪烁：形容光彩闪耀的样子

[2] 安逸（ān yì）：指安闲、舒适

深稽博考 To learn further & better

诗人威廉·巴特勒·叶芝早年的创作具有浪漫主义的华丽风格，善于营造梦幻般的氛围。这首诗中表现的母爱便是其中之一。

本诗中，诗人将老母亲在厨房跪地生火和儿女们在房间梳妆打扮的场景形象地展示在读者面前，通过老母亲一天的起居生活和儿女们日常生活的鲜明对比，突出了老母亲的辛勤朴实。我们可以从这首诗中发现诗人善于抓住很小的细节来衬托朴实无华的老母亲形象，从而表达了老母亲对子女无私与深切的关爱之情。

希望同学们通过这首《老母亲之歌》能够深刻理解母亲的爱，尊重母亲，爱护母亲，孝顺母亲。

其人其文 To know about the author

威廉·巴特勒·叶芝，爱尔兰诗人、剧作家、散文家，著名的神秘主义者，是"爱尔兰文艺复兴运动"的领袖，代表作有《钟楼》《盘旋的楼梯》《驶向拜占庭》，被誉为"20世纪英语世界最伟大的诗人"。

俯拾仰取 To digest & improve

我的收获

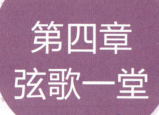

第四章 弦歌一堂
On Teachers & Friends
师恩与友情篇

True friendship is like health，not to lose，can not appreciate the precious.
真挚的友谊犹如健康，不到失却时，无法体味其珍贵。

by Francis Bacon

prologue
章节前言

　　老师如润物之雨，朋友如沁心之茶。师恩与友谊之绵长熨帖，是桃李不言，下自成蹊；亦是江南无所有，聊赠一枝春。士不可以不弘毅，任重而道远，我们往往聚时弦歌一堂，散后各奔前程。但我有良师诤友，莫逆于心，岂不快哉？

　　我们歆羡《伯牙善鼓琴》里伯牙子期的知音情，也认同《师友箴（并序）》中以志趣择师友的标准。我们懂得《友情是相知》，亦感念老师那《开放在小河边的微笑》。我们坚信天涯若比邻（《送杜少府之任蜀州》），因为《友谊》将如艺术品般历久弥新。总而言之，识文断字的教导（*How I Discovered Words*）是师恩，灵魂与灵魂的碰撞（*On Friendship*)是友情，愿老师如一年中的四季（*A Teacher for All Seasons*）常伴，而我们友谊地久天长（*Auld Lang Syne*）。

美文吟诵　To appreciate & read aloud

伯牙善鼓琴

作者　列御寇

选自《列子·汤问》

伯牙善[1]鼓琴，钟子期善听。伯牙鼓琴，志在高山。钟子期曰："善哉，峨峨兮若泰山！"志[2]在流水，钟子期曰："善哉，洋洋[3]兮若江河！"伯牙所念，钟子期必得之。伯牙游于泰山之阴，卒[4]逢暴雨，止于岩下；心悲，乃援琴而鼓之。初为霖雨之操[5]，更造崩山之音。曲每奏，钟子期辄穷其趣。伯牙乃舍琴而叹曰："善哉，善哉，子之听夫志，想象犹吾心也。吾于何逃声哉？"

左辅右弼　To understand & interpret

[1] 善：擅长，善于
[2] 志：志趣，心意
[3] 洋洋：盛大的样子
[4] 卒（cù）：通"猝"，突然
[5] 操：琴曲名

信雅互译　To appreciate & translate

伯牙擅长弹琴，钟子期善于倾听。伯牙弹琴的时候，内心想着高山。钟子期赞叹道："好啊，高耸的样子就像泰山！"伯牙内心想着流水，钟子期又喝彩道："好啊！浩浩荡荡就像长江大河一样！"凡是伯牙弹琴时心中所想的，钟子期都能够从琴声中听出来。有一次，伯牙在泰山北面游玩，突然遇上暴雨，被困在岩石下面；心中悲伤，就取琴弹奏起来。起初他弹了表现连绵大雨的曲子，接着又奏出表现高山崩坍的壮烈之音。每奏一曲，钟子期总是能悟透其中旨趣。伯牙便放下琴，长叹道："好啊，好啊！你听懂了啊，弹琴时你心里想的和我想表达的一样。我到哪里去隐匿自己的心声呢？"

深稽博考　To learn further & better

本篇选自《列子》，讲述了琴师俞伯牙与樵夫钟子期由于鼓琴听琴而产生的交情。

那天在泰山脚下避雨撞见钟子期，应该是俞伯牙一生中最幸福的邂逅了，俞伯牙弹一手好琴，钟子期有一对善解人意的耳朵，两相合拍，留下了"高山流水遇知音"的千古佳话。

乐曲或许并不能表达具体的意思，但钟子期能听出"琴心"，可见重要的不是有一对会听"乐曲"的耳朵，而是心灵感知。人生最大的寂寞就是没有知音，在这个意义上，没有钟子期，就没有俞伯牙。两人的身份悬殊，弹琴者是朝廷大夫；听琴、解琴者不过是上山砍柴的一个樵夫。樵夫敢说，有胆；大夫首肯，有量。真正的友情没有阶层等级，没有高下之分，只有心心相印。

还有我们所熟知的"俞伯牙摔琴谢知音"，钟子期死后，俞伯牙认为世上已无知音，终身不再鼓琴，当知音已杳，伯牙毅然断弦绝音，千百年来一直为人所赞叹。当你有这样的友情时，一定要好好珍惜，用你的真诚来对待、来经营，这样友谊一定会地久天长。

其人其文 To know about the author

列子（约公元前450年—前375年），名御寇，先秦天下十豪之一，是老子和庄子之外的又一位道家学派代表人物。其创立了先秦哲学学派贵虚学派（列子学），对后世哲学、美学、文学、科技、养生、乐曲、宗教的影响非常深远。《列子》又名《冲虚真经》，是中国古代先秦思想文化史上著名的典籍，是一部智慧之书，它能开启人们心智，给人以启示，给人以智慧。

俯拾仰取 To digest & improve

我的收获

美文吟诵 To appreciate & read aloud

师友箴（并序）

作者　柳宗元

选自《柳河东集》

今之世，为人师者众笑之，举世不师，故道[1]益离；为人友者，不以道而以利，举世无友，故道益弃。呜呼！生于是病矣，歌以为箴[2]。既以敬己，又以诫人。

不师如之何？吾何以成！不友如之何？吾何以增！吾欲从师，可从者谁？借有可从，举世笑之。吾欲取友，可取者谁？借有可取，中道或舍。仲尼不生，牙也久死，二人可作，惧吾不似。

中焉可师，耻焉可友，谨是二物，用惕尔后。道苟在焉，佣丐为偶[3]；道之反是，公侯以走。内考诸古[4]，外考诸物，师乎友乎，敬尔毋忽。

左辅右弼 To understand & interpret

［1］道：文中的道、中道、中，均指柳宗元理想中的政治标准、思想原则和道德规范
［2］箴（zhēn）：一种规劝、告诫的文体
［3］偶：指师友
［4］古：历史

信雅互译 To appreciate & translate

当今社会，做老师的被大家讥笑。整个社会都不求师，因此离"道"也越来越远了；做朋友的，不是以"道"相交，而是以利相交，整个社会上就没有真正的朋友，因此造成了正道日益被抛弃的后果。唉！我对于这种状况感到很痛心啊，于是写下这首歌作为箴文。既用来警戒自己，又用来规劝别人。

不求师怎么行呢？我靠什么成就自己！不交朋友怎么行呢？我靠什么提高自己！我想师从老师，谁值得我师从呢？假使找到了值得我师从的老师，又会被整个社会上的人讥笑。我想交朋友，应交什么样的人呢？假使有朋友可交，在对待"道"上又可能

因观点不同而分手。孔子般的老师找不出了，鲍叔牙般的朋友也早已死去。即使二人在世，恐怕我的"道"和他们的也不一样吧。

言行合乎中道的可以作为老师，知道以利为耻辱的可以结为朋友，谨以这两个标准，用来提醒你以后求师交友。如果能坚持中道的，即使是佣人、乞丐也可以作为老师和朋友；假如背弃了中道，就是公侯卿相，也要离开他们。内要考察于历史，外要考察于社会现实，对于从师交友，要警戒不要疏忽。

深稽博考　To learn further & better

柳宗元的这篇箴文循循善诱，深入浅出地告诫世人从师交友要以"道"为标准，否则就是公侯卿相也要远离。文章从当时的社会现象入手，指出中道日渐离弃的社会现实；接着点明从师交友的必要性及迫于世风，师无可从而友无可交的可悲状况；结尾得出潜心于道、慎择师友的结论。全文在结构上安排有序，层层深入；用语斩钉截铁，不容置疑，采用问句，加强了感情色彩和撼人的力量。

韩愈《师说》里也提到"是故无贵无贱，无长无少，道之所存，师之所存也"。无论是柳宗元还是韩愈，对从师交友的标准都是"道"，只要胸中有"道"，即使是佣人、乞丐都可以从师交友。于今天而言，于我们中职生而言，柳宗元的"道"指的就是热爱祖国，勤勤恳恳，乐于奉献，讲诚信，有爱心。

其人其文　To know about the author

柳宗元（公元 773 年—819 年 11 月 28 日），字子厚，唐宋八大家之一，唐代文学家、哲学家、散文家和思想家，世称"柳河东""河东先生"，因官终柳州刺史，又称"柳柳州"。柳宗元一生留诗文作品达 600 余篇，骈文有近百篇；散文论说性强，笔锋犀利，讽刺辛辣；游记写景状物，多所寄托，著有《河东先生集》。

俯拾仰取　To digest & improve

我的收获

美文吟诵 To appreciate & read aloud

友情是相知

作者　汪国真

选自《中国少年文摘》

友情是相知。当你需要的时候，我还没有讲，友人已默默来到你的身边。他的眼睛和心都能读懂你，更会用手挽起你单薄的臂弯。因为有友情，在这个世界上你不会感到孤单。

当然，一个人也可以傲视苦难，在天地间挺立卓然[1]。但是我们不得不承认，面对艰险与艰难，一个人的意志可以很坚强，但办法有限，力量也会有限。于是，友情像阳光，拂照[2]你如拂照乍暖还寒[3]时风中的花瓣。

友情常在顺境中结成，在逆境中经受考验，在岁月之河中流淌伸延。

有的朋友只能交一时，有的朋友可以交永远。交一时的朋友可能是一场误会，对曾有过的误会不必埋怨，只需说声再见。交永远的朋友用不着发什么誓言，当穿过光阴的隧道之后，那一份真挚与执着，已足以感动。

挚友不必太多，人生得一知己足矣，何况有不止一个心灵上的伙伴。朋友可以很多，只要我们有一个共同的追求与心愿。

友情不受限制，它可以在长幼之间、同性之间、异性之间，甚至是异域之间。山隔不断，水隔不断，不是缠绵也浪漫。

只是相思情太浓，仅用相识意太淡，友情是相知，味甘境又远。

左辅右弼 To understand & interpret

[1] 卓（zhuó）然：卓越，突出
[2] 拂照（fú）：通"照拂"，照顾，关心
[3] 乍（zhà）暖还寒：形容冬末春初气候忽冷忽热，冷热不定

信雅互译 To appreciate & translate

友情常在顺境中结成，在逆境中经受考验，在岁月之河中流淌伸延。

Friendship usually comes into being in prosperity①, and **stands the test**② in adversity③, which flows and **extends** in the river of time.

有的朋友只能交一时，有的朋友可以交永远。交一时的朋友可能是一场误会，对曾有过的误会不必埋怨，只需说声再见。

Some friends are for a moment, while some are for a lifetime. It may be a **misunderstanding** to make temporary④ friends, of which you don't need to complain. What you need to do is only to say goodbye.

交永远的朋友用不着发什么誓言，当穿过光阴的隧道之后，那一份真挚与执着，已足以感动。

You needn't make a **vow**⑤ when make lifelong friends. After you pass through the tunnel⑥ of time, their sincerity⑦ and persistence⑧ are enough to make you moved.

左辅右弼　To understand & interpret

① prosperity [prɒ'sperəti] n. 顺境；繁荣
② stand the test [stænd] 经受考验
③ adversity [əd'vɜːsəti] n. 逆境；不幸
④ temporary ['temprəri] adj. 暂时的
⑤ vow [vaʊ] n./v. 发誓
⑥ tunnel ['tʌnl] n. 隧道
⑦ sincerity [sɪn'serəti] n. 真实，诚挚
⑧ persistence [pə'sɪstəns] n. 执着；持续

深稽博考　To learn further & better

友情是人类感情的一种，它泛指朋友之间存在的感情。两个人如何建立友情？最

关键的就是对彼此的相知相识：对方开心时为对方高兴，对方痛苦时为对方难过；你悲伤无助的时候，给你安慰与关怀；你失望彷徨的时候，给你信心与力量；你成功欢乐的时候，分享你的胜利和喜悦。

诗歌语言平实直白，"友情像阳光"，给予温暖和相伴；交友凭的是"真挚与执着"；"人生得一知己足矣"；"友情不受限制"，跨越一切山水阻隔。虽然关注的只是友情这一贴近生活的普遍性话题，却充满了年轻的旋律，能激发读者，特别是年轻朋友们从中感受友情的珍贵和生命的真谛。

友情，需要的是理解；相处，需要的是默契；陪伴，需要的是耐心。亲爱的中职生朋友们，人能相遇，已是不易；心若相知，更要珍惜。

其人其文 To know about the author

汪国真（1956—2015），出生于北京，祖籍福建厦门，当代诗人、书画家、作曲家。1982年毕业于暨南大学中文系。作品主题积极向上、昂扬超脱、纯真脱俗，总有一种令人无法抵抗的艺术魅力，诗集《年轻的潮》被《中国新闻出版报》列为十大畅销书之一。

其诗歌自1990年开始至今一直备受青年读者青睐，掀起的"汪国真热"是中国出版界的一个文化奇迹。

俯拾仰取 To digest & improve

我的收获

美文吟诵 To appreciate & read aloud

开放在小河边的微笑

作者　刘再复

选自《小学教学研究》

你还记得我故乡那长着许多荔枝树的山村小学吗？亲爱的老师。你还在背着我故乡的小兄弟涉过那条湍急[1]的小河吗？亲爱的老师。

那些欢乐的日子与那些阴沉的日子，给你留下白发了吗？那些呼啸的山林与寂静的山野，在你溢满青春的脸上，留下皱纹了吗？

你走出城市师范的大门，没有在繁华的街市里逗留，就踏进我们偏远的山庄。人们都说你是城市小姐，我的父老乡亲，喜欢好奇地看着你。

我故乡的山野那么多沟坎，那么多泥泞，你在泥泞的小路上颠簸[2]得那么久，把生命最美丽的部分，撒在我故乡的丘丘壑[3]壑里。想起故乡秀丽的青山，想起故乡柔蓝的流水，就想起你，我亲爱的老师。

那时你才18岁，像我们的大姐姐。在多风多雨的季节里，放学时你总是带着我们回家。你把裤腿卷得高高，光着脚丫子，一个一个地背着我们涉过那条脾气暴躁的小河，那条在河岸上长着一棵大榕树的小河。我还记得你背着我时，我看到浪花溅到你的脸上，雨水打湿你乌黑的秀发。我悄悄地拂去你发辫上的小水珠，你知道吗？

我们在小河这边，你在小河那边。你向我们频频招手叮咛：路滑，慢点儿走，明早我来接你们。我们喊着和你告别。你的声音和我们的声音让小河的波浪带到很远很远的地方。我看到你微笑了，这开放在我故乡河边的微笑，这像我故乡的杜鹃花一样美丽的微笑，永远不会消失，在我的梦境中，在我的心坎里，总是那样甜蜜，总是那样暖和，总是那样神圣。

左辅右弼 To understand & interpret

[1] 湍（tuān）急：水流急速

[2] 颠簸（diān bǒ）：上下震荡

[3] 丘丘壑（hè）壑：山和溪谷，泛指山水美丽的地方

信雅互译 *To appreciate & translate*

你在泥泞的小路上颠簸得那么久，把生命最美丽的部分，撒在我故乡的丘丘壑壑里。想起故乡秀丽的青山，想起故乡柔蓝的流水，就想起你，我亲爱的老师。

Bumping① along the muddy② roads for so many years, you **devoted**③ your most beautiful part of life to my hometown's hills and gullies④. When I **recall**⑤ the beautiful green mountains and soft blue rivers there, I miss you, my dear teacher.

我看到你微笑了，这开放在我故乡河边的微笑，这像我故乡的杜鹃花一样美丽的微笑，永远不会消失，在我的梦境中，在我的心坎里，总是那样甜蜜，总是那样暖和，总是那样神圣。

I saw your smile, which is as pretty as the azaleas⑥, **blooming** at the riverside of my hometown. It will never **disappear**. Because in my dream and deep heart, your smile is always so sweet, warm and holy.

【注释】
① bump [bʌmp] *vi.* 颠簸而行
② muddy ['mʌdi] *adj.* 泥泞的
③ devote [dɪ'vəʊt] *v.* 致力于，奉献于
④ gully ['gʌli] *n.* 冲沟；水沟
⑤ recall [rɪ'kɔːl] *vt.* 召回；回想起
⑥ azalea [ə'zeɪlɪə] *n.* 杜鹃花

深稽博考 *To learn further & better*

《开放在小河边的微笑》是一首充满浓郁抒情色彩的散文诗，塑造了一位来自繁华都市却献身山村教育事业的女教师形象，讴歌了女教师博大、崇高的思想情怀。

本文采用第二人称写法，以深情的问候开篇，犹如正在面对想象中的老师说话。

"一个一个地背着我们""雨水打湿你乌黑的头发""你向我们频频招手叮咛"，这一个个动作、一句句话语、一幕幕场景，都是一幅幅生动的画面，可亲、可敬、可爱的老师形象跃然纸上。读着读着，你仿佛也来到那条小河边，听到女教师的声音，看到女教师的微笑，感受到那份甜蜜和温暖，也体会到教师职业的崇高和神圣。

　　"走着，走着，不怪时间太快；流年的时光，让梦想插翅翱翔！"你是否还记得那位为你插翅、助你翱翔的老师呢？

其人其文　To know about the author

　　刘再复（1941— ），福建泉州南安人，中国当代著名人文学者、思想家、文学家、红学家、自由主义者。曾任中国社会科学院文学研究所所长、《文学评论》主编，中国作家协会理事，现为香港城市大学中国文化中心荣誉教授。著有《性格组合论》《红楼四书》等80余部学术论著和散文集，其中《性格组合论》曾获1987年"金锁匙"奖。

俯拾仰取　To digest & improve

我的收获

美文吟诵 To appreciate & read aloud

送杜少府之任蜀州

作者　王勃

选自《唐诗三百首》

城阙[1]辅三秦，风烟望五津。
与君离别意，同是宦游[2]人。
海内存知己，天涯若比邻。
无为在歧路[3]，儿女共沾巾[4]。

左辅右弼 To understand & interpret

[1] 城阙：指唐帝都长安城
[2] 宦（huàn）游：出外做官
[3] 歧（qí）路：岔路
[4] 沾巾：泪水沾湿衣服和腰带

信雅互译 To appreciate & translate

Farewell to Perfect Du

Wang Bo

许渊冲　译

海内存知己，天涯若比邻。
If you have friends who know your heart, **distance** cannot keep you **apart**.
无为在歧路，儿女共沾巾。
At crossroads① where we bid adieu②, do not shed③ tears as women do!

【注释】
① crossroad [ˈkrɒsrəʊd] n. 十字路口
② bid adieu [bɪd][əˈdjuː] 告别
③ shed [ʃed] vt./vi. 流出

深稽博考 To learn further & better

《送杜少府之任蜀州》是送别名篇，诗人劝慰友人不要为远别而悲伤：虽然远隔天涯，但友谊不会因为距离的遥远而淡薄，他们的心是连在一起的。颈联"海内存知己，天涯若比邻"，奇峰突起，高度地概括了"友情深厚，江山难阻"的情景，有口皆碑。全诗仅仅40个字，却纵横捭阖，变化无穷，仿佛在一张小小的画卷上包容着无数的丘壑，有看不尽的风光，至今广泛流传。此后，王勃的诗风就大大发展起来，成为盛唐诗坛的一种主导风格。

真挚的友谊，不会因时间的阻隔而冲淡。昔日的承诺，也不会因漫长的岁月而改变。愿同学们得一知己，深深的话浅浅说，长长的路一起慢慢走。

其人其文 To know about the author

王勃（650—676）唐代诗人，字子安，绛州龙门（今山西河津）人。麟德初应举及第，曾任虢州参军。唐高宗上元三年（676年）八月，往海南探父返程时，因溺水，惊悸而死。少时，与杨炯、卢照邻、骆宾王以文辞齐名，并称"初唐四杰"。王勃擅长五律和五绝，代表作品有《送杜少府之任蜀州》等；主要文学成就是骈文，无论是数量还是质量，堪称一时之最，代表作品有《滕王阁序》等。

俯拾仰取 To digest & improve

我的收获

美文吟诵 To appreciate & read aloud

友 谊

作者 穆旦

选自《中国现代诗歌名篇赏析》

我珍重的友谊，是一件艺术品。
被我从时间的浪沙中无意拾得，
挂在匆忙奔驰的生活驿车[1]上，
有时几乎随风飘去，但并未失落；
又在偶然的遇合下被感情底[2]手，
屡次发掘，越久远越觉得可贵，
因为其中回荡着我失去的青春，
又赋予我亲切的往事的回味；
受到书信和共感[3]的细致的雕塑，
摆在老年底窗口，不仅点缀寂寞，
而且像明镜般反映窗外的世界，
使那粗糙的世界显得如此柔和。

左辅右弼 To understand & interpret

[1] 驿车：指古时供驿站用的车辆
[2] 底：的
[3] 共感：指兴奋由一个感官扩散到另一个感官

信雅互译 To appreciate & translate

我珍重的友谊，是一件艺术品。
The friendship I cherish① is a piece of art.
被我从时间的浪沙中无意拾得，
I got if from the waves and sand of the river of time by accident②.

挂在匆忙奔驰的生活驿车上,
Hung③ in the hastily④ running train of life,
有时几乎随风飘去,但并未失落；
Sometimes it has almost gone with wind, but it is never lost.

【注释】

① cherish ['tʃerɪʃ] vt. 珍爱，珍惜
② by accident 偶然；意外地
③ hang [hæŋ] v. 悬挂
④ hastily ['heɪstɪli] adv. 匆忙地，急速地

深稽博考　To learn further & better

穆旦是温和恬淡的性情中人，对生活中的友谊无比珍视，此诗对友谊做了意味深长的赞颂。友谊是一件艺术品，来之不易，但也暗示友谊是易碎的，必须小心呵护。

"被我从时间的浪沙中无意拾得"，告诉我们友谊不是潦草的敷衍，更非刻意的逢迎，而是一次美妙的邂逅。诗人又谆谆告诫对友谊必须全身心投入，唯其如此，友谊才会"在偶然的遇合下被感情底手，屡次发掘，越久远越觉得可贵"。"受到书信和共感的细致的雕塑"一直到最后，诗人写出了友谊的存在除了犹如沙漠中的绿洲点缀寂寞，给单调的老年生活带来绿意与情趣之外，还是一把衡量社会文明的尺子，像明镜般反映窗外的世界。

在成长道路上，友谊是上天赐给我们最珍贵的礼物，请同学们且行且珍惜。

其人其文　To know about the author

穆旦（1918—1977），诗人、翻译家，原名查良铮，与著名作家金庸（查良镛）属于平辈。20世纪40年代出版了《探险队》《穆旦诗集（1939—1945）》《旗》三部诗集，是"九叶诗派"的代表性诗人。穆旦的诗简约洗练，哲思意味极浓，思维的跳跃性相对强，具有极强烈的后现代主义色彩。

20世纪50年代开始，穆旦就停止了诗歌的创作而倾毕生之力从事翻译，主要译作有俄国普希金的《青铜骑士》、英国雪莱的《云雀》、英国拜伦的《唐璜》等。

俯拾仰取 *To digest & improve*

我的收获

美文吟诵 To appreciate & read aloud

How I Discovered Words (Excerpts)

Helen Keller

The most important day I remember in all my life is the one on which my teacher, Anne Mansfield Sullivan, came to me. It was the third of March, 1887, three months before I was seven years old.

On the afternoon of that eventful day, I stood on the porch, **dumb**①, expectant.

I felt approaching② footsteps. I stretched out③ my hand as I supposed to my mother. Someone took it, and I was caught up and held close in the arms of her who had come to reveal④ all things to me, and, more than all things else, to love me.

We walked down the path to the well-house, attracted by the fragrance⑤ of the honeysuckle⑥ with which it was covered. Someone was **drawing** water and my teacher placed my hand under the spout. As the cool **stream** gushed over one hand, she spelled into the other hand the word water, first slowly, then rapidly. I stood **still**, my whole **attention** fixed upon the motions of her fingers.

And somehow the **mystery** of language was revealed to me. I knew then that "w-a-t-e-r" meant the wonderful cool something that was **flowing** over my hand. That living word awakened my soul, gave it light, hope, joy, set it free! There were barriers still. It is true, but barriers that could in time **be swept away**.

左辅右弼 To understand & interpret

① dumb [dʌm] *adj.* 哑的；无声的

② approach [əˈprəʊtʃ] *vt.* 接近

③ stretch out [stretʃ] 伸出

④ reveal [rɪˈviːl] *vt./n.* 显示；揭露

⑤ fragrance [ˈfreɪɡrəns] *n.* 香味，芬芳

⑥ honeysuckle [ˈhʌnɪsʌkl] *n.* 金银花；忍冬

信雅互译 To appreciate & translate

我是怎样识字的（节选）

海伦·凯勒 著

编者 译

在我记忆中，我一生中最重要的日子是我的老师安妮·曼斯菲尔德·莎莉文走进我生活的那一天。那是 1887 年 3 月 3 日，离我 7 岁生日还有 3 个月。

在那个重要的日子的午后，我呆呆地站在我家的门廊上，内心充满了期盼。

我感觉到有脚步由远及近，于是我伸出了手，以为会是母亲。有人抓住了我的手，将我抱住并紧紧地搂在了怀里。正是这个人的到来，把整个世界展示给我，最重要的是，给我带来了爱。

我们沿着小路来到了井房，井房上布满了忍冬[1]，它的芳香深深地吸引了我们。有人正在抽水，老师把我的一只手放到了喷水口下方。凉爽的水流过我的一只手，这时她在我的另一只手上拼写了"水"这个词。开始她拼得很慢，接着拼得很快。我站在那儿一动不动[2]，所有的注意力都集中在她手指的移动上。

不知怎的，语言的奥秘一下子就展现在我的面前。这时我明白了，"w-a-t-e-r"指的就是从我手上流过的那美妙无比的凉爽的东西。这活生生的字眼唤醒了我沉睡的灵魂，赋予了它光明、希望和喜悦，使它获得了自由！诚然，障碍依然存在，但那是一些假以时日[3]终究会被消除的障碍。

左辅右弼 To understand & interpret

[1] 忍冬：因叶片经冬不凋落而得名，又称金银花、金银藤

[2] 一动不动：形容毫不移动

[3] 假以时日：如果再给一定的时间的话就更怎么样，一般是褒义夸奖

深稽博考 To learn further & better

《我是怎样识字的（节选）》选自海伦·凯勒大学期间的处女作《我的人生故事》(The

本英文选段为方便中职生阅读，对原文进行了删减和分段处理。

Story of My Life）。这本书采用记叙的表达方式，记录了她心理与智力成长的过程。

　　1887 年 3 月 3 日，家里为海伦请来了一位教师——安妮·曼斯菲尔德·莎莉文小姐。然而，这个学习过程并不是一帆风顺的，海伦因为看不见、听不见，在学习中遇到了极大的困难和挑战。她甚至不明白 "water" 这个词便是 "水" 的意思，因为她黑暗的世界里没有这个概念。

　　在莎莉文老师的帮助下，海伦陆续学懂了水、鲜花、太阳等文字和含义。在学习的过程中，她用顽强的意志学会了认字和手语，使得她能与别人沟通。其后，莎莉文老师还教导海伦用手指点字以及基本的生活礼仪。

　　这个故事告诉我们：只要下定决心、不畏苦难，我们都能在学习的道路上有所得。在这个过程中，教师和学生可以成为一辈子的良师益友。

其人其文　To know about the author

　　海伦·凯勒（Helen Keller，1880—1968），美国著名的女作家、教育家、慈善家、社会活动家。她在出生的第 19 个月时因患急性胃充血、脑充血而被夺去视力和听力。1887 年与莎莉文老师相遇，1899 年 6 月考入哈佛大学拉德克利夫女子学院。先后完成了 14 本著作，其中最著名的有《假如给我三天光明》《石墙故事》等。

俯拾仰取　To digest & improve

我的收获

美文吟诵 *To appreciate & read aloud*

On Friendship (Excerpts)

Gibran Kahlil Gibran

And a **youth** said, "Speak to us of Friendship."

Your friend is your needs answered.

He is your **field** which you sow with love and reap① with **thanksgiving**.

And he is your board and your fireside②.

For you come to him with your **hunger**, and you **seek** him for **peace**.

When your friend speaks his mind you **fear** not the "nay"③ in your own mind, nor do you withhold the "ay"③.

And when he is silent your heart ceases④ not to listen to his heart;

For without words, in friendship, all thoughts, all **desires**⑤, all **expectations** are born and shared, with joy that is unacclaimed⑥.

When you part from your friend, you grieve⑦ not;

For that which you love most in him may be clearer in his **absence**, as the mountain to the climber is clearer from the plain.

And let there be no **purpose** in friendship save the deepening of the **spirit**.

For love that seeks aught⑧ but the disclosure⑨ of its own mystery is not love but a net cast forth: and only the unprofitable⑩ is caught.

And let your best be for your friend.

左辅右弼 *To understand & interpret*

① reap [riːp] *vt.* 收获；收割
② fireside [ˈfaɪəsaɪd] *n.* 炉边
③ nay=no; ay=yes
④ cease [siːs] *vt./vi.* 停止；终了
⑤ desire [dɪˈzaɪə(r)] *n.* 欲望；心愿
⑥ unacclaimed = unsaid *adj.* 未说出的
⑦ grieve [ɡriːv] *vt./vi.* 苦恼；使悲伤

⑧ aught [ɔːt] *n.* 任何事物
⑨ disclosure [dɪsˈkləʊʒə(r)] *n.* 披露；揭发
⑩ unprofitable [ʌnˈprɒfɪtəbl] *adj.* 无益的

信雅互译　To appreciate & translate

<h1 style="text-align:center">论友谊（节选）</h1>

纪伯伦·哈利勒·纪伯伦　著

冰心 译

于是一个青年说，请给我们谈友谊。

他回答说：

你的朋友是你的有回应的需求。

他是你用爱播种，用感谢收获的田地。

他是你的饮食，也是你的火炉。

因为你饥渴地奔向他，你向他寻求平安。

当你的朋友向你倾吐胸臆[1]的时候，你不要怕说出心中的"否"，也不要瞒住你心中的"可"。

当他静默的时候，你的心仍要倾听他的心；

因为在友谊里，不用言语，一切的思想，一切的愿望，一切的希冀[2]，都在无声的欢乐中发生而共享了。

当你与朋友别离的时候，不要忧伤；

因为你感到他的最可爱之点，当他不在时愈见清晰，正如登山者从平原上望山峰，也加倍地分明。

愿除了寻求心灵的加深之外，友谊没有别的目的。

因为那只寻求着要泄露自身的神秘的爱，不算是爱，只是一张撒下的网，只网住一些无益的东西。

让你的最美的事物，都给你的朋友。

左辅右弼　To understand & interpret

[1] 胸臆：(xiōng yì) 指心里的话或想法
[2] 希冀：(xī jì) 指希望

深稽博考 To learn further & better

《论友谊》出自纪伯伦的文学作品《先知》。纪伯伦的作品《先知》鲜明地体现了阿拉伯文化和西方文化对于纪伯伦文学创作的交互作用，整体呈现出一种神圣的"天启体"形式。文本内容以充满博爱情怀与人生哲学的寓言故事、格言等智慧文学为主体，体裁形式多采用散文诗（prose poem）。

这篇《论友谊》采用了多个比喻，运用了天启预言式语句，以一位长者的口吻，对年轻人循循善诱，教他们如何正确地看待友谊。

纪伯伦的文笔凝练、隽秀，其文章和诗歌运用了多种别致生动的比喻，蕴含着深邃的哲理寓意，这些都能够给予中职生以写作上的和人生上的启发。

其人其文 To know about the author

纪伯伦·哈利勒·纪伯伦（Gibran Kahlil Gibran，1883—1931），黎巴嫩裔美国作家、诗人、画家，是阿拉伯文学的主要奠基人，20世纪阿拉伯新文学道路的开拓者之一，被称为艺术天才、黎巴嫩文坛骄子，著有《泪与笑》《先知》《沙与沫》等。纪伯伦、鲁迅和拉宾德拉纳特·泰戈尔是近代东方文学走向世界的先驱。

俯拾仰取 To digest & improve

我的收获

美文吟诵 To appreciate & read aloud

A Teacher for All Seasons

Joanna Fuchs

A teacher is like Spring,
Who nurtures① new green sprouts②,
Encourages and **leads** them,
Whenever they have **doubts**.

A teacher is like Summer,
Whose sunny temperament③
Makes studying a pleasure,
Preventing discontent④.

A teacher is like Fall,
With **methods** crisp⑤ and clear,
Lessons of **bright** colors
And a happy atmosphere⑥.

A teacher is like Winter,
While it's snowing hard **outside**,
Keeping students comfortable,
As a warm and helpful **guide**.

Teacher, you do all these things,
With a pleasant **attitude**;
You're a teacher for all seasons,
And you have my gratitude!

左辅右弼 To understand & interpret

① nurture [ˈnɜːtʃə(r)] vt. 养育；培植
② sprout [spraʊt] n. 芽；萌芽

106

③ temperament ['temprəmənt] n. 性情
④ discontent [ˌdɪskən'tent] n. 不满
⑤ crisp [krɪsp] adj. 脆的；清爽的
⑥ atmosphere [ætməsfɪə(r)] n. 气氛；空气

信雅互译　To appreciate & translate

老师如一年中的四季

乔安娜·福克斯　著

编者　译

老师就像春天，
滋养着新生的小苗，
在他们困惑的时候，
引导并鼓励着他们。

老师就像夏天，
用那阳光般的情绪
让学习变成一种乐趣，
同时让不快从此消失。

老师就像秋天，
用干净利落[1]的方式，
让课程变得富有色彩
让气氛[2]变得快乐。

老师就像冬天，
尽管外面大雪纷纷，
还让学生们保持着一份舒适，
就像一位温暖有效的引导者。

老师，你的所作所为，
都是那么善意，
您如一年中的四季，
您让我心存感激！

左辅右弼 To understand & interpret

［1］干净利落：形容动作熟练、敏捷、准确
［2］气氛（fēn）：指特定环境中给人强烈感觉的景象或情调

深稽博考 To learn further & better

乔安娜·福克斯在所有写给教师的诗中，都表达了对教师的感恩、感激和赞美之情。她希望所有读过她的诗的人，都能给予那些兢兢业业、诲人不倦的教师以尊重和重视。

在《老师如一年中的四季》这首诗中，乔安娜将教师生动地比喻成四季，形容教师的教书育人工作犹如春风化雨般沁人心脾。教师不仅能够像春天一样滋养着新生的小苗，像夏天一样让学习变成一种乐趣，像秋天一样让课程变得丰富多彩，还能像冬天一样让学生在"寒冷"中仍保持一份舒适。严师出高徒，假如学生犯了错，教师肯定会批评学生。但请记住：教师严厉的外表下，深藏着一颗柔软的爱徒之心。

教师，就是在一年又一年无言的奉献中，润育着桃李。

其人其文 To know about the author

乔安娜·福克斯（Joanna Fuchs），美国互联网诗人，于2005年创建了名为 *Poemsource* 的个人诗歌网站。她至今写了900多首贺卡诗和押韵短诗，其作品涵盖了以下几个主题：父母、爱、友谊、教师、感恩、生日、新年等。她的诗歌往往能给人带去温暖和力量。

俯拾仰取 To digest & improve

我的收获

Auld Lang Syne

Robert Burns

Should old acquaintance① be forgot,
and never **brought** to mind?
Should old acquaintance be forgot,
and auld lang syne②?

For auld lang syne, my dear,
for auld lang syne,
We'll take a cup of kindness **yet**,
for auld lang syne.

And surely you'll be your pint-stowp③,
and surely I'll be **mine**!
And we'll take a cup of kindness yet,
for auld lang syne.

We two have run about the braes④.
and picked the gowans⑤ fine;
But we've **wandered** many a weary foot,
since auld lang syne.

We two have paddled⑥ in the stream,
from morning sun **till** dine⑦;
But seas between us broad⑧ have **roared**,
since auld lang syne.

And there's a hand my **trusty** friend!
And give us a hand of thine⑨!
And we'll take a right **good-will** draught⑩,
for auld lang syne.

左辅右弼 To understand & interpret

① acquaintance [əˈkweɪntəns] n. 相识之人
② auld lang syne [ɔːld][læŋ][ˈsaɪn] 忆往日；友谊地久天长
③ pint-stowp [paɪnt][stəup] 以品脱为单位的酒壶
④ brae [breɪ] n. 斜坡；山坡
⑤ gowan [ˈgauən] n. 春白菊；延命菊
⑥ paddle [ˈpædl] vi. 划桨；戏水
⑦ dine [daɪn] n.=dinner time
⑧ broad [brɔːd] adj. 宽的，辽阔的
⑨ thine [ðaɪn] pron.=yours
⑩ draught [drɑːft] n. 一口饮（的量）

信雅互译 To appreciate & translate

友谊地久天长

罗伯特·彭斯 著

编者 译

怎能忘记旧日朋友，
心中怎能不怀想？
旧日朋友岂能相忘？
友谊地久天长[1]。

友谊地久天长，亲爱的朋友，
友谊地久天长。
让我们干一杯友谊之酒，
友谊地久天长。

你准会把一大杯喝尽！
我也会把我的喝光！
让我们干一杯友谊之酒，
友谊地久天长。

我们曾在山坡上游荡[2]，
去采摘美丽的延命菊；
我们也曾一起奔波流浪，
自从那旧日的时光。

我们曾荡桨泛清波，
从日出到日落；
如今却远隔大海重洋，
自从那旧日的时光。

忠实的朋友，这是我的手，
请给我你那只手；
让我们再痛饮一杯友谊之酒，
友谊地久天长。

左辅右弼　To understand & interpret

［1］地久天长：时间长，日子久
［2］游荡：闲荡

深稽博考　To learn further & better

罗伯特·彭斯于1783年开始写诗。1789年，彭斯在给友人的一封信中，写出了这首《友谊天长地久》（Auld Lang Syne）。其原文是古苏格兰方言，标题直译成英文是"old long since"或"days gone by"，大意为"逝去已久的日子"。在中国普遍被翻译为《友谊地久天长》。

这首诗是彭斯根据苏格兰当地民歌记录并创作的，后来被谱了乐曲，并被多国谱上了当地语言，一直以来被全世界人民所传唱。1940年，经典电影《魂断蓝桥》（Waterloo Bridge）采用了这首歌作为主题曲。

中职生在学习和朗诵这首诗歌的同时，可以细细体味作者对昔日好友和旧时光的怀念之情，并懂得珍惜自己现在的朋友和友情。

其人其文　To know about the author

罗伯特·彭斯（Robert Burns，1759—1796），苏格兰农民诗人。其生于苏格兰民族面临被异族征服的时代，因此诗歌充满了激进的民主、自由的思想。彭斯的诗歌不仅歌颂了故国家乡的秀美，还抒写了劳动者纯朴的友谊和爱情。此外，彭斯丰富了苏格兰民歌，使得他的诗歌富有音乐性，可以歌唱。

俯拾仰取 To digest & improve

我的收获

On Craftsmanship & Inheritance
技艺与传承篇

第五章
匠人匠心

It is no use doing what you like; you have got to like what you do.
不能爱哪行才干哪行，要干哪行爱哪行。

by Winston Churchill

prologue
章节前言

历史悠久的文化，需要代代传承，唯有薪火相传，文明才能延续。这份浓重的传承既有"居庙堂之高"的文明大义，也少不了"处江湖之远"的具体技艺。怀匠心，践匠行，做匠人，这是于己于国的责任感，这是一种精益求精的追求，是一种不忘初心的坚守，更是一种让中华文明走得更远的传承。

读《庖丁解牛》和《核舟记》，我们赞叹于平凡匠人技艺之精妙；诵《匠心之道"守破离"》和《一生只忠诚于一件事》，我们感慨于日复一日坚守的匠心和力求突破的匠道；品《铁匠》与《李凭箜篌引》，我们领悟对待技艺该有的激情和热诚。少年的我们如何来面对这份沉淀的技艺和不息的传承？即使《这么多工作可选择》（So Many Jobs to Choose from），我们也要明确自己的心之所向，学习《如果我休息，我就会生锈》（If I Rest, I Rust）的积极态度，保持《我们在路上》（We Are on a Journey）的状态，才能最终收获《硕果和玫瑰》（Results and Roses）。

美文吟诵 To appreciate & read aloud

庖丁解牛

作者　庄子

选自《庄子·养生主》

庖丁[1]为文惠君解牛。手之所触，肩之所倚，足之所履，膝之所踦[2]，砉然向然[3]，奏刀騞然[4]，莫不中音。合于《桑林》之舞，乃中《经首》之会。

文惠君曰："嘻，善哉！技盖[5]至此乎？"

庖丁释刀对曰："臣之所好者，道也；进乎技矣。始臣之解牛之时，所见无非牛者；三年之后，未尝见全牛也。方今之时，臣以神遇而不以目视，官知止而神欲行。依乎天理，批大郤，导大窾[6]，因其固然，技经肯綮[7]之未尝，而况大軱[8]乎！良庖岁更刀，割也；族庖月更刀，折也。今臣之刀十九年矣，所解数千牛矣，而刀刃若新发于硎[9]。彼节者有间，而刀刃者无厚；以无厚入有间，恢恢乎其于游刃必有余地矣！是以十九年而刀刃若新发于硎。虽然，每至于族，吾见其难为，怵然[10]为戒，视为止，行为迟。动刀甚微，謋[11]然已解，如土委地。提刀而立，为之四顾，为之踌躇满志，善刀而藏之。"

文惠君曰："善哉！吾闻庖丁之言，得养生焉。"

左辅右弼 To understand & interpret

[1] 庖（páo）丁：名丁的厨师

[2] 踦（yǐ）：这里指用一条腿的膝盖顶牛

[3] 砉（xū）然向然：砉，象声词，形容皮骨相离的声音。向，通"响"

[4] 騞（huō）然：象声词，比"砉"的声音更大

[5] 盖：通"盍（hé）"，何，怎么

[6] 导大窾（kuǎn）：顺着（骨节间的）空隙进刀

[7] 綮（qìng）：筋肉聚结处

[8] 軱（gū）：大骨

[9] 硎（xíng）：磨刀石

[10] 怵（chù）然：警惧的样子

[11] 謋（huò）：象声词，骨肉离开的声音

信雅互译 To appreciate & translate

庖丁给梁惠王宰牛。手接触的地方，肩膀倚靠的地方，脚踩的地方，膝盖顶的地方，哗哗作响，进刀时霍霍地，没有不合音律的：合乎（汤时）《桑林》舞乐的节拍，又合乎（尧时）《经首》乐曲的节奏。

梁惠王说："嘻，好啊！（你解牛的）技术怎么会高超到这种程度啊？"

庖丁放下刀回答说："我追求的，是道，已经超过一般的技术了。起初我宰牛的时候，眼里看到的是一只完整的牛；三年以后，再未见过完整的牛了。现在，我凭精神和牛接触，而不用眼睛去看，感官停止了而精神在活动。依照牛的生理上的天然结构，砍入牛体筋骨相接的缝隙，顺着骨节间的空处进刀，依照牛体本来的构造，筋脉经络相连的地方和筋骨结合的地方，尚且不曾拿刀碰到过，更何况大骨呢！技术好的厨师每年更换一把刀，是用刀割断筋肉割坏的；技术一般的厨师每月就得更换一把刀，是砍断骨头而将刀砍坏的。如今，我的刀用了十九年，所宰的牛有几千头了，但刀刃锋利得就像刚在磨刀石上磨好的一样。那牛的骨节有间隙，而刀刃很薄；用很薄的刀刃插入有空隙的骨节，宽宽绰绰地，那么刀刃的运转必然是有余地的啊！因此，十九年来，刀刃还像刚从磨刀石上磨出来的一样。即使这样，每当碰到筋骨交错聚结的地方，我看到那里很难下刀，就小心翼翼地提高警惕，视力集中到一点，动作缓慢下来，动起刀来非常轻，豁啦一声，牛的骨和肉一下子就解开了，就像泥土散落在地上一样。我提着刀站立起来，为此举目四望，为此悠然自得，心满意足，然后把刀擦抹干净，收藏起来。"

梁惠王说："好啊！我听了庖丁的这番话，懂得了养生的道理了。"

深稽博考 To learn further & better

工匠精神是一种严谨认真、精益求精、追求完美、勇于创新的精神，是中国人民从古至今、绵延百代孜孜以求的一种精神。

我国有着悠久的工匠传统，在不少诗文的记载中，可以看到古代优秀匠人对技艺的努力追求和对规律的不懈探索。"庖丁"就是其中的典型代表，他在解牛时手、肩、足、膝的动作以及宰牛发出的声音，都合乎韵律，充满美感。一个普通的厨师把宰牛这件平凡的小事做得如此奇妙无穷，这是一种工匠精神。练就高超技艺，绝非一朝一夕，唯有不断实践，才能突破自我。庄子通过庖丁解牛的"三个境界"，即"始臣之解牛之时——所见无非牛者""三年之后——未尝见全牛也""方今之时——臣以神遇而不以目视"，告诉我们做任何事要眼到、心到、神到，认识规律，运用规律，才能达到游刃有余、出神入化的境界。

工匠精神不仅是一种职业精神，也是一种人生态度，更是一种人格气质。如果人人都能将这样的品质在内心沉淀，有干一行爱一行、钻一行的韧劲，有只管付出不求回报的奉献精神，定能在平凡的岗位上书写不平凡的人生。

其人其文　To know about the author

庄子，姓庄，名周，战国时期宋国蒙人。战国时期道家学派的代表人物，思想家、哲学家、文学家，庄学的创立者，与老子并称"老庄"。最早提出的"内圣外王"思想对儒家影响深远。其文想象力极为丰富，语言运用自如，灵活多变，能把微妙难言的哲理讲得引人入胜。代表作品为《庄子》，又叫《南华真经》，其中名篇有《逍遥游》《齐物论》《养生主》等，其作品被称为"文学的哲学，哲学的文学"。

俯拾仰取　To digest & improve

美文吟诵 To appreciate & read aloud

核舟记[1]

作者　魏学洢

选自《虞初新志》

　　明有奇巧人曰王叔远，能以径寸之木，为宫室、器皿、人物，以至鸟兽、木石，罔不因势象形，各具情态。尝贻余核舟一，盖大苏泛赤壁云。

　　舟首尾长约八分有奇[2]，高可二黍许[3]。中轩敞者为舱，箬篷覆之。旁开小窗，左右各四，共八扇。启窗而观，雕栏相望焉。闭之，则右刻"山高月小，水落石出"，左刻"清风徐来，水波不兴"，石青糁之[4]。

　　船头坐三人，中峨冠而多髯[5]者为东坡，佛印居右，鲁直居左。苏、黄共阅一手卷。东坡右手执卷端，左手抚鲁直背。鲁直左手执卷末，右手指卷，如有所语。东坡现右足，鲁直现左足，各微侧，其两膝相比[6]者，各隐卷底衣褶中。佛印绝类弥勒，袒胸露乳，矫首昂视，神情与苏、黄不属。卧右膝，诎[7]右臂支船，而竖其左膝，左臂挂念珠倚之——珠可历历数也。

　　舟尾横卧一楫[8]。楫左右舟子各一人。居右者椎髻[9]仰面，左手倚一衡[10]木，右手攀右趾，若啸呼状。居左者右手执蒲葵扇，左手抚炉，炉上有壶，其人视端容寂，若听茶声然。

　　其船背稍夷，则题名其上，文曰"天启壬戌秋日，虞山王毅叔远甫刻"，细若蚊足，钩画了了，其色墨。又用篆章一，文曰"初平山人"，其色丹。

　　通计一舟，为人五；为窗八；为箬篷，为楫，为炉，为壶，为手卷，为念珠各一；对联、题名并篆文，为字共三十有四。而计其长，曾不盈寸。盖简桃核修狭者为之。嘻，技亦灵怪矣哉！

左辅右弼 To understand & interpret

[1] 记：指文体

[2] 有（yòu）奇（jī）：多一点

[3] 黍（shǔ）：又叫黍子，去皮后叫黄米

[4] 石青糁（sǎn）之：用石青涂在刻着字的凹处

[5] 髯（rán）：两腮的胡须

[6] 比：靠近

[7] 诎（qū）：同"屈"，弯曲

[8] 楫（jí）：船桨。划船用具

[9] 椎髻（jì）：梳成椎形发髻

[10] 衡：通"横"，横着

信雅互译 To appreciate & translate

　　明朝有一个技艺精巧的人叫王叔远，他能用直径一寸的木头，雕刻出宫殿、器具、人物，还有飞鸟、走兽、树木、石头，没有一件不是根据木头原来的样子，雕刻成各种形状，各有各的神情姿态。他曾经送给我一个用桃核刻成的小船，刻的是苏轼乘船游赤壁的图案。

　　核舟的船头到船尾长八分多一点，有两个黄米粒那么高。中间高起而宽敞的部分是船舱，用箬竹叶做的船篷覆盖着它。旁边开设有小窗，左右各四扇，一共八扇。打开窗户，可以看到雕刻着花纹的栏杆左右相对。关上窗户，就看到一副对联，右边刻着"山高月小，水落石出"，左边刻着"清风徐来，水波不兴"，用石青涂在字的凹处。

　　船头坐着三个人，中间戴着高高的帽子、胡须浓密的人是苏东坡，佛印位于右边，鲁直位于左边。苏东坡、黄鲁直共同看着一幅书画长卷。东坡右手拿着卷的右端，左手轻按在鲁直的背上。鲁直左手拿着卷的左端，右手指着手卷，好像在说些什么。苏东坡露出右脚，鲁直露出左脚，身子都略微侧斜，他们互相靠近的两膝，都被遮蔽在手卷下边的衣褶里。佛印像极了佛教的弥勒菩萨，袒胸露乳，抬头仰望，神情和苏东坡、鲁直不相类似。他平放右膝，曲着右臂支撑

118

在船板上，左腿曲膝竖起，左臂上挂着一串念珠，靠在左膝上——念珠简直可以清清楚楚地数出来。

船尾横放着一支船桨。船桨的左右两边各有一名撑船的人。位于右边的撑船者梳着椎形发髻，仰着脸，左手倚在一根横木上，右手扳着右脚趾头，好像在大声呼喊的样子。左边撑船的人右手拿着一把蒲葵扇，左手轻按着火炉，炉上有一水壶，那个人的眼光正视着茶炉，神色平静，好像在听茶水声音似的。

船的背面较平，作者的名字题写在上面，刻的是"天启壬戌秋日，虞山王毅叔远甫刻"，笔画像蚊子的脚一样细小，笔画清楚明白，字体的颜色是黑色。还刻着一枚篆字图章，文字是："初平山人"，字的颜色是红的。

计算这一条船上统共刻了五个人；八扇窗户；用箬竹叶做的船篷，做的船桨，做的炉子，做的茶壶，做的手卷，做的念珠各一件；对联、题名和篆文，刻的字共计三十四个。可是计算它的长度，竟然还不满一寸。原来是挑选长而窄的桃核雕刻而成的。嘻，技艺也真灵巧奇妙啊！

深稽博考 To learn further & better

"核舟"是一件微雕工艺品，原材料是一个"长不盈寸"的桃核，却生动地再现了宋代文坛上的一个著名掌故——"大苏泛赤壁"。它构思精巧，形象逼真，彰显了我国古代工艺美术的卓越成就。该文作者经过细致的观察，准确地把握了这件雕刻品的各个细节，按一定的空间顺序来写，形象地表现了它的整体形象。文章热情赞扬了我国明代的民间工艺匠人的雕刻艺术和才能，表现了作者对王叔远精湛工艺的赞美。

巧手成就卓越，匠心创造非凡。河北省秦皇岛市的省级工艺美术大师杨洪武，用5个多月的时间精心刻制了一枚题为"南湖红船"的"当代核舟"作品。该核舟选用上好橄榄核为原料，以嘉兴南湖画舫为原型，细致入微地刻画了参加党一大的代表们在画舫上创建中国共产党的历史瞬间。核舟长3.9厘米、宽1.4厘米、高1.3厘米，两侧有8扇可以自由开启的小窗，共写实雕刻了毛泽东、董必武等11位参会人物和一位船工，其中有5人还佩戴了眼镜，面部表情刻画细腻入微。

其人其文 To know about the author

魏学洢（约1596—约1625），字子敬，中国明朝末嘉善（今属浙江省嘉兴市）人，明朝末年的著名散文作家。其是当地有名的秀才，也是一代名臣魏大中的长子，一生短暂,未做过官,好学善文,著有《茅檐集》。《核舟记》是其代表作,被清代人张潮编选到《虞初新志》中。

俯拾仰取 To digest & improve

我的收获

美文吟诵 To appreciate & read aloud

匠心之道"守破离"

作者　刘根生

选自《人民日报》

一部《战争与和平》，草婴翻译了6年。他一生追求像原著一样的艺术标准，翻译作品始终遵从六道工序：研读原著、译文、读译文、请人朗读、交编审、打磨求"神韵"。连环画泰斗贺友直的作品被称为"把故事画活了"，生前却自称是个"大匠人"，"蜗居"闹市数十年，每日挥毫不止，在中国传统线描中融入西画写实造型方法，将线描艺术推向高峰。他们都有一个共同特点，就是独具匠心，终而造诣精深，成其大器。

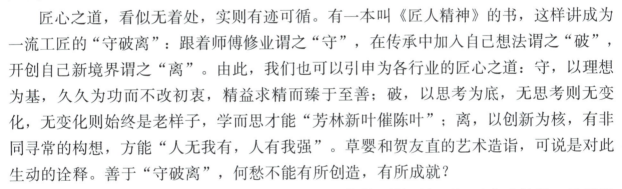

匠心之道，看似无着处，实则有迹可循。有一本叫《匠人精神》的书，这样讲成为一流工匠的"守破离"：跟着师傅修业谓之"守"，在传承中加入自己想法谓之"破"，开创自己新境界谓之"离"。由此，我们也可以引申为各行业的匠心之道：守，以理想为基，久久为功而不改初衷，精益求精而臻于至善；破，以思考为底，无思考则无变化，无变化则始终是老样子，学而思才能"芳林新叶催陈叶"；离，以创新为核，有非同寻常的构想，方能"人无我有，人有我强"。草婴和贺友直的艺术造诣，可说是对此生动的诠释。善于"守破离"，何愁不能有所创造，有所成就？

守，意味着长久等待和超常吃苦。当年，法拉第要弟子每天记录实验结果，弟子觉得这事枯燥乏味没意义，不久就走了。后来，法拉第因电磁学方面的重大发现而获得殊荣，面对一事无成又找上门来的弟子，他说自己不过是把弟子认为没意义的事坚持了10年，在记下数千个"NO"之后，终于写下了一个"YES"。今天，有的研究者缺少坐"十年冷板凳"的决心和毅力，耐不了寂寞，稳不住心神。有的人在立项资助"诱惑"下，频繁转换科研"频道"，甲地优惠到甲地，乙地优惠又跑回乙地。心上长草"守不住"，飘移不定，又如何能把一件事干到极致？

破，意味着在突破和完善中超越。齐白石说："学我者生，似我者死。"这是要后人不能止步于临摹，而要学其神韵善突破。一种现象存在已久，学某某而安于做"小某某"或"小小某某"。如同"受过训练的跳蚤"，即使盖板已拿掉，也不会越过原有高度。没有"破"，"守"则成墨守成规，"离"则更无从谈起。没有最好，只有更好。前人技艺再高，也终究有局限性。小疑小进，大疑大进。扬前人所长而补其短，方能在推陈出新中别开生面。

离，意味着在颠覆成见中寻求新发现。当年，女科学家麦克林托克发现"跳跃基因"。因其"离经叛道"，同行骂她疯了。多年后，其成果才得到承认，她也因此获诺贝尔奖。"破"属于推陈出新，是横向进步；"离"属于颠覆性创新，是纵向进步。历史的高峰永无止境，"不日新者必日退"。多些颠覆性创新，才会有一个又一个"山外山、峰有峰"。对新发现应先察而勿先骂，宽容"离经叛道"，激励"异想天开"，为颠覆性创新批量出现营造优良土壤。

"技可进乎道，艺可通乎神。"匠心是精雕细刻和精益求精之心，是追求卓越不断超越之心，是破除成见不断创新之心。匠心之道贵在"守破离"。

信雅互译 To appreciate & translate

一部《战争与和平》，草婴翻译了6年。他一生追求像原著一样的艺术标准，翻译作品始终遵从六道工序：研读原著、译文、读译文、请人朗读、交编审、打磨求"神韵"。

It took Cao Ying six years to translate *War and Peace*. He, who pursues① the same artistic **standard** as the original work all his life, always follow six **procedures**② to translate works: reading the original work, translating it, reading the translated text, asking others to read it aloud, **submitting**③ it for editing and reviewing, and **polishing**④ it for the "**charm**".

匠心之道，看似无着处，实则有迹可循。

It seems to have no place to find out the way of the **ingenuity**⑤, but in fact there are traces to follow it.

守，意味着长久等待和超常吃苦。破，意味着在突破和完善中超越。离，意味着在颠覆成见中寻求新发现。

Persisting, means long waiting and **extraordinary**⑥ hardship. Breaking means surpassing in **breakthrough**⑦ and improvement. Innovating means seeking new discoveries in **subverting**⑧ **stereotypes**⑨.

左辅右弼 To understand & interpret

① pursue [pə'sjuː] *vt.* 追求

② procedure [prə'siːdʒə(r)] *n.* 步骤

③ submit [səb'mɪt] *vt.* 提交

④ polish ['pɒlɪʃ] *vt.* 修改；润色

⑤ ingenuity [ˌɪndʒə'njuːəti] *n.* 独创力

⑥ extraordinary [ɪk'strɔːdnri] *adj.* 不平常的

⑦ breakthrough [breɪkθruː] *n.* 突破

⑧ subvert [səbˈvɜːt] v. 颠覆
⑨ stereotype [ˈsterɪətaɪp] n. 刻板印象

深稽博考 To learn further & better

据统计，全球寿命超过200年的企业，日本有3 146家，为全球最多，德国有837家，荷兰有222家，中国16家，美国14家。为什么这些长寿企业会出现在这些国家，是一种偶然吗？不，这个绝非偶然！他们都是在传承一种精神——工匠精神。

传承"工匠精神"，首先得有匠心。"匠心之道，看似无着处，实则有迹可循。"本文论证思路清晰，用草婴和贺友直的实例引出论述的话题，然后引用《匠人精神》一书阐释何为"守破离"并引申至各行业的匠心之道，接着分别论述守、破、离的内在含义，最后强调"匠心之道贵在'守破离'"。

时下，互联网时代带给传统产业的变革是显而易见的，许多人为追求"快"利益而忽略了产品的品质。身为"世界工厂"的中国，想要造就一流工匠，想要坚守产品品质，就应该多一些"守破离"的精神，将"守破离"当作工匠精神发展的台阶，才能在长期的竞争中获得持续的成功。

作为中职生的我们，更应该扛起"守破离"这面大旗，这样才能在今后的职业道路上越走越稳、越走越顺、越走越快！

其人其文 To know about the author

刘根生，南京日报评论员，主任编辑，获江苏省第四届戈公振新闻奖、南京市第二届优秀编辑记者，《根生时评》《由上海今年不提新口号想到的》等获江苏好新闻一等奖。著有《和而不同——根生时评集》《走出思想陷阱》《中国新闻评论范文评析》等。

俯拾仰取 To digest & improve

我的收获

美文吟诵 To appreciate & read aloud

一生只忠诚于一件事

作者　丁立梅

选自《风会记得一朵花的香》

知道那个叫米索，又名侯赛因·哈撒尼的人，是在一份晚报上。狭长的一角，有篇特稿，报道的是他。寥寥数笔，却用了很长的标题——《萨拉热窝一擦鞋匠辞世，众多市民自发聚集致敬》。

我剪下那篇特稿，收藏了。

他出生于波黑，一个普通的平民之家。父亲是个擦鞋匠，凭着这份手艺，养活全家。21岁时，米索接过父亲的擦鞋摊，成为萨拉热窝街头一名年轻的擦鞋匠。

不难勾画出这个时候米索的样子：高高的个头，白净的皮肤，有着黑色的或淡黄的微卷的发。深凹进去的大眼睛，炯炯的。浑身蓬勃着年轻人特有的朝气，像只拔节而长的笋。萨拉热窝人亲热地称他，米索小伙子。

每日里，他晨起摆摊，暮降返家，风雨无阻。所做的事，单调得近乎机械，就是埋头擦鞋。他却深深热爱着，近乎虔诚地对待着手底下的每双鞋。他一边擦鞋，兴许还一边哼着歌。他做着一个快乐的鞋匠。看到他，人们再多的愁苦，也消减许多。

一年过去了，他在街头擦鞋。再一年过去了，他还在街头擦鞋。再再一年过去，他仍在街头擦鞋。渐渐地，他擦成萨拉热窝街头的一个标志、一道风景。人们出门，总习惯性地先去找寻他的身影。哦，哦，米索在呢，人们的心，会因他而雀跃[1]一下，天地立即安稳下来。

日转星移，寒暑更替，许多个年头，不知不觉过去了，他由年轻的米索小伙子，变成了人们口中的米索大叔。

1992年，同属于南斯拉夫人的三个民族，就波黑的前途和领土划分等问题，发动了大规模的内战，造成几十万人死亡，史称波黑战争[2]。这次战争中，萨拉热窝被炮火围攻四年，城里居民四处逃亡，六十开外的米索，却没有离开过一步，他冒着炮火，照旧晨起摆摊，暮降返家。他在街头的身影，成了人们眼中的一面旗帜和幸运符。惊慌悲痛的人们，只要一看到亲爱的米索大叔，情绪立即得到宽慰，重新燃起生活的信心和勇气。"只要他不走，我们就知道即使今天天塌了，我们明天还会活得好好的。"人们说。

他活了下来，和他的萨拉热窝一起。他继续做着他的擦鞋匠，晨起摆摊，暮降返家。外面是天晴日丽也好，风雨琳琅也罢，他的江山不改。他把一份卑微的职业，做成崇高和传奇。

2009年，米索荣获政府表彰，获赠一套房和一大笔退休金。他对着媒体镜头，极为平淡地表达了自己的心声："很多人问我为什么要坚持这一行？我认为这份工作已经融入我的血液中，我会一直擦到生命尽头。"

他做到了。83岁这年，他走完了他擦鞋匠的一生。他的遗像，被摆放在萨拉热窝街头，供人瞻仰。人们还在他的遗像旁，放置了一双干净的皮鞋。

一生只忠诚于一件事，世界之大，能有几人？

左辅右弼　To understand & interpret

[1] 雀跃：形容高兴得像麻雀一样跳了起来。

[2] 波黑战争是发生在1992年4月—1995年12月，波斯尼亚和黑塞哥维那（简称"波黑"）三个主要民族围绕波黑前途和领土划分等问题而进行的战争

信雅互译　To appreciate & translate

渐渐地，他擦成萨拉热窝街头的一个标志、一道风景。人们出门，总习惯性地先去找寻他的身影。

Gradually, he became a sign and a **landscape**① in the streets of Sarajevo because of shoeshine. When people went out, they habitually② looked for his figure first.

83岁这年，他走完了他擦鞋匠的一生。人们还在他的遗像旁，放置了一双干净的皮鞋。

At the age of 83, he finished his shoemaker's life. People also placed a pair of clean **leather**③ shoes next to his **portrait**④.

一生只忠诚于一件事，世界之大，能有几人？

How many people could be loyal to one thing in his life though the world is so big?

【注释】

① landscape ['lændskeɪp] n. 风景，景色

② habitually [həˈbɪtjuəli] adv. 习惯性地

③ leather [ˈleðə(r)] n. 皮革，凋谢

④ portrait [ˈpɔːtreɪt] n. 半身画像

深稽博考　To learn further & better

平凡的人物，平凡的工作，却造就了一段伟大而又不平凡的人生。这个故事以小见

大，撷取生活中的小片段，用朴实无华的语言讲述了米索大叔用一生的时间去做擦鞋这一件事，诠释了作者对生命执着与坚守的感悟，由衷地赞美了这个带有传奇色彩的擦鞋匠。

"一生只忠诚于一件事，世界之大，能有几人？"的确，择一事，终一生，不为繁华易匠心，是何尝不易呀！处于人生十字路口的我们，是否思考过人的一生如何过得有意义，奋进还是怠惰？不同的选择决定了不同的人生价值，只有奋斗的人生才称得上是幸福的人生。在"三百六十行"里，很多不同层次、不同背景的人都以自己的方式诠释着奋斗、坚守和匠心的意义，他们坚持"一生只忠诚于一件事"，取得了非凡的成就。

把一件事情做到极致，胜过你做一万件平庸的事。亲爱的朋友们，你愿意吗？

其人其文 To know about the author

丁立梅，作家，江苏东台人。江苏省课外阅读指导委员会专家组成员，喜欢用音乐煮文字，被读者誉为"最暖人心的作家"。

代表作有《风会记得一朵花的香》《有美一朵，向晚生香》《丁立梅的写作课》。《花盆里的风信子》入选新加坡中学华文课本，《有一种爱叫相依为命》入选全国中等专科院校《语文》教材，作品集《你在，世界就在》繁体版在我国台湾和香港地区发行。

俯拾仰取 To digest & improve

美文吟诵 To appreciate & read aloud

铁 匠

作者 刘半农

选自《新潮》

叮当！叮当！
清脆的打铁声，
激动夜间沉默的空气。
小门里时时闪出红光，
愈显得外间黑漆漆地。

我从门前经过，
看见门里的铁匠。
叮当！叮当！
他锤子一下一上，
砧[1]上的铁，
闪作血也似的光，
照见他额上淋淋的汗，
和他裸着的，宽阔的胸膛。

我走得远了，
还隐隐的听见
叮当！叮当！
朋友，
你该留心着这声音，
他永远的在沉沉的自然界中激荡。
他若回头过去，
还可以看见几点火花，
飞射在漆黑的地上。

左辅右弼 To understand & interpret

[1] 砧（zhēn）：捶、砸或切东西的时候，垫在底下的器具

信雅互译 To appreciate & translate

Blacksmith

Ding dong! Ding dong!
The ringing sound of **forging iron**①,
stirs② up the silent air at night.
Red light flashed from time to time in the small door,
which made it more and more dark outside.
I passed by the door,
seeing the blacksmith in the door.
Ding dong! Ding dong!
As he hit the **hammer**③ with one **stroke**④,
the iron on the **anvil**⑤,
shining like blood,
lighted up the **dripping**⑥ **sweat**⑦ on his brow,
and his naked, broad **chest**.
I have gone far,
Still **vaguely**⑧ heard
Ding dong! Ding dong!
Friend,
you should pay attention to the sound,
which is forever stirring in the heavy nature.
If he turns back,
a few **sparks** could be seen,
and shot on the dark ground.

【注释】

① forge iron 锻铁

② stir [stɜː] n./v. 搅动；搅和

③ hammer [ˈhæmə] n. 锤子；v. 捶

④ stroke [strəʊk] n.（打、击等的）一下，一击

⑤ anvil [ˈænvɪl] n. 铁砧
⑥ drip [drɪp] n. 滴答声；v. 滴下
⑦ sweat [swet] n. 汗；v. 出汗
⑧ vaguely [ˈveɪɡli] adv. 不详细地

深稽博考 To learn further & better

从技巧上来看，诗中的"叮当！叮当！"和"红光"在诗的三节中每一节都出现，突出听觉和视觉，回环往复，加强了诗作的艺术感染力。诗人有意将铁匠打铁的场景置于"沉默"的"夜间"，为此"叮当叮当"的响声因"沉默"而更加铿锵。闪烁的"红光"也因这"黑漆漆"的夜间更加耀眼，并以此来象征社会的黑暗和黑暗中的希望之所在。

本诗的另一个亮点是注重诗的音节，基本上是由二拍、三拍、四拍三种不同整数的诗行组成，跌宕有致，形成节奏上的抑扬顿挫，对表达主题起到了很好的推波助澜的作用。

全诗生动地描写出匠人打铁时的劳动场面，着力刻画出一个粗犷、刚健的劳动者形象。新时代下，更需要我们培养像铁匠这样严谨认真、精益求精的精神，追求完美的匠人匠心！

其人其文 To know about the author

刘半农（1891—1934），字半农，号曲庵，江苏江阴人。中国新文化运动先驱，文学家、语言学家和教育家。《铁匠》写于1919年9月，当时正值封建文人和资产阶级贵族反对以劳动人民生活入诗的时候，而刘半农诗作以农民、木匠、人力车夫等下层劳动人民为主人公，再现了"五四"时期神圣劳工的画廊，表现出诗人的进步思想。

俯拾仰取 To digest & improve

我的收获

美文吟诵 To appreciate & read aloud

李凭箜篌引[1]

作者　李贺

选自《昌谷集》

吴丝蜀桐张高秋[2]，空山凝云颓不流。
江娥啼竹素女愁，李凭中国[3]弹箜篌。
昆山玉碎凤凰叫，芙蓉泣露香兰笑。
十二门[4]前融冷光，二十三丝[5]动紫皇。
女娲炼石补天处，石破天惊逗秋雨。
梦入神山教神妪，老鱼跳波瘦蛟舞。
吴质[6]不眠倚桂树，露脚[7]斜飞湿寒兔。

左辅右弼 To understand & interpret

[1] 箜篌：古代弦乐器。
　　引：古代诗歌体裁
[2] 吴丝蜀桐：吴地之丝，蜀地之桐，指制作箜篌的材料。
　　张：调好弦，准备调奏。
　　高秋：指弹奏时间
[3] 中国：即国之中央，意谓在京城
[4] 十二门：这句是说清冷的乐声使人觉得长安城沉浸在寒光之中
[5] 二十三丝：擘箜篌。
[6] 吴质：即吴刚
[7] 露脚：露珠下滴

信雅互译 To appreciate & translate

Li Ping Kong Hou Yin (Excerpts)

The music is clear and melodious①, which sounds like the Kunlun jade broken and the phoenix② singing. Sometimes it makes lotus③ sobbing in the dew④, and sometimes it makes vanilla⑤ laughing heartily.

The clear and crisp music blends with the cool aura in front of the twelve gates of Chang'an city. Twenty three strings were plucked⑥, which moved the emperor of heaven.

The high pitched music soars⑦ into the sky and rushes to the sky where Nv Wa uses the stone to mend. It seems that the colorful stone of mending the sky is broken and the continuous autumn rain falls all over the sky.

It created an illusion⑧ reality that the musician entered the holy mountain and taught the female immortal the skills; The old fish was so excited that it jumped in the waves, and the thin flood dragon danced and played happily.

Wu Gang was attracted by the music and stayed under the laurel⑨ tree all night in the moon palace. The rabbit under the tree also focused on listening, regardless of the dew drops.

左辅右弼 To understand & interpret

① melodious [məˈləʊdɪəs] adj. 悦耳的
② phoenix [ˈfiːnɪks] n. 凤凰
③ lotus [ˈləʊtəs] n. 莲花
④ dew [ˈdjuː] n. 露；露水
⑤ vanilla [vəˈnɪlə] n. 香草
⑥ pluck [plʌk] v. 弹拨（乐器的弦）
⑦ soar [sɔː(r)] v. 急升；猛增；
⑧ illusion [ɪˈluːʒn] n. 幻想；
⑨ laurel [ˈlɒrəl] n. 月桂，灌木

深稽博考 To learn further & better

乐曲以"吴丝蜀桐张高秋"开首，意境高远而开阔。接着是"空山凝云颓不流"的短暂停顿。再弹时曲调急转为低沉幽怨，渐趋舒缓，心中的冰雪也似融化了。紧接着乐声变得高亢，音符如急雨般撒落，全曲达到高潮。随后响起悠扬的曲调，让人觉得仿佛"梦入神山"。最后乐声渐渐远了，一切都安静下来。

本诗运用了一系列的比喻、引用、拟人等手法，传神地再现了乐工李凭创造的诗意浓郁的音乐境界，生动地记录下李凭弹奏箜篌的高超技艺，也表现了作者对乐曲有深刻的理解，具备丰富的艺术想象力。全诗语言明丽，构思新奇，独辟蹊径，用大量的笔墨

来渲染乐曲惊天地、泣鬼神的动人效果，大量的联想、想象和神话传说，使作品充满浪漫主义气息，彰显了诗人独到的创作能力。

乐工李凭的音乐创造力、诗人李贺的文学创造力都是基于自身的刻苦钻研。对于技能，我们应该脚踏实地去学习，下苦功、勇担当。

其人其文 To know about the author

李贺（791—817），字长吉，唐代河南福昌人，是唐宗室郑王李亮后裔，终身抑郁不得志，26岁就去世了。其别称"诗鬼"，是继屈原、李白之后，中国文学史上又一位颇享盛誉的浪漫主义诗人。他的诗善于熔铸词采，驰骋想象，运用神话传说，创造出新奇瑰丽的诗境，在诗史上独树一帜，著有《昌谷集》。

俯拾仰取 To digest & improve

我的收获

美文吟诵　*To appreciate & read aloud*

So Many Jobs to Choose From（Excerpts）

So many jobs to choose from! The last year of high school is a time for hard work and also a time to reflect. At this time, you have to start thinking about the future and what you want to do after graduation. In this article, I am going to discuss some of the choices **available**① to you and which jobs are best suited to you: popular careers, more unusual jobs or everyday jobs.

When choosing a career, you should consider all the **aspects** of a job. Some jobs may seem very **dull** but are very important to society, while others can appear very exciting but are actually very difficult and boring. One example is the so-called "glamorous② job" of being a model or an actor. Would you like to be famous, wear diamonds, go to parties and relax on cushions③ in private jets or helicopters④ ? In reality, these people have to spend long hours travelling, with all their baggage packed in suitcases or **trunks**, and only a very small number of them are successful.

All these people love their jobs, which might not be popular, but are interesting regardless. In the same way, many ordinary jobs may look **plain**, but they are as necessary to society. As we go through our daily lives, we meet many different kinds of people—shopkeepers, who sell us things in shops; drivers, who drive trams⑤ and buses transporting us around the city; **barbers**⑥, who cut our hair in barbershops, and cleaners, who clear up our rubbish. These jobs may not seem very attractive, but they are all important. For example, if no one was to collect the rubbish, the streets would soon become very dirty, the number of rats would increase, and disease would **spread**. These people, who perform such ordinary but vital⑦ tasks, allow others to **go about**⑧ their daily lives.

When you think about your future career, remember that some glamorous jobs can be rather difficult and that some ordinary jobs can be quite important. All of them together, though, help society function.

左辅右弼 To understand & interpret

① available [əˈveɪləbl] adj. 可获得的
② glamorous [ˈɡlæmərəs] adj. 富有魅力的
③ cushion [ˈkʊʃn] n. 软垫，靠垫
④ helicopter [ˈhelɪkɒptə(r)] n. 直升机
⑤ tram [træm] n. 有轨电车
⑥ barber [ˈbɑːbə(r)] n. 理发师
⑦ vital [ˈvaɪtl] adj. 至关重要的
⑧ go about 着手干，处理

信雅互译 To appreciate & translate

这么多工作可选择！

很多可挑选的工作！高中最后一年是努力学习，也是需要深思熟虑的一年。此时，你不得不开始思考未来以及你毕业后想干什么。在本文中，我将谈论你可以选择的一些工作，以及你最适合做的工作：热门工作、特殊工作还是普通工作。

在选择工作时，你必须考虑一份工作的各个方面。有一些工作可能看上去很枯燥，但对社会非常重要，而另一些工作可能看上去很令人振奋[1]，但实际上很难做，甚至很无聊。例如所谓的当模特或当演员的"光鲜亮丽的工作"。你想成名、戴钻石吗？想参加聚会、在私人飞机或者直升机的靠垫上休息吗？实际上，这些人不得不把所有的行李都塞进手提箱或大箱子，花很长时间在路上奔波，而且其中只有极少数人是成功的。

所有这些人都喜欢他们的工作，这些工作可能不是很受欢迎，但是无论如何是很有趣的。同样地，很多普通的工作可能看起来普通，但对我们的社会来说是必需的。我们过着各自的日常生活时，见到很多不同的人——店主，在商店给我们销售东西；司机，开电车和公共汽车载我们环行这座城市；理发师，在理发店给我们剪头发；清洁工，清理我们的垃圾。这些工作似乎不是很吸引人，但是它们很重要。例如，如果没有人清理垃圾，街道将会变得非常肮脏，老鼠的数量会增加，疾病会蔓延[2]。就是这些人，在做着看似普通、实际上却很重要的工作，使其他人每天都能够过着正常健康的生活。

你思考你的未来工作时，要记住，越是吸引人的工作可能会更难做，而往往是普通的工作可能很重要。然而，社会的发展需要在各个工作战线上的人们共同努力。

深稽博考 To learn further & better

谈到匠人，我们敬佩的往往是他们择一事终一生、不为繁华易匠心的职业观。浮现在脑海里的或是那些几十年如一日在故宫修文物的老师傅们，或是驻扎广袤西北精细勘探与科研的科学家们，仿佛要在各行各业做到极致方能当得起大国工匠之名。但那需经机遇恩赐、岁月磨砺、才华加持的匠人成就，似乎离初出茅庐的青年人来说，尚为遥远。

然而，这篇文章的作者认为再平凡的工作都有存在的意义，都值得一心一意地对待。作者通过生活化的浅显语言与令人信服的大量举例论证，阐明了聚光灯下的优渥工作也可能更难做和平凡的工作也可能很重要的道理。他呼吁学生在初入社会择业时，应仔细分析不同类型职业的特点，因为社会发展需要各行各业的共同努力，试图引导读者树立正确的职业价值观。

匠人匠心，并非宣之于口的主流价值观，它更该是人们对待任何一份工作与事业的态度；人人皆可拥有匠心，若不忘初心地慢慢历练，终将成为某个领域的匠人。

其人其文 To know about the author

本文的作者是匿名作家，但文中倡导的"工匠精神"需要被广泛了解与认同。工匠精神，是一种职业精神，它是职业道德、职业能力、职业品质的体现，是从业者的一种职业价值取向和行为表现。"工匠精神"一词，最早出自著名企业家、教育家聂圣哲，后被李克强总理在2016年政府工作报告中正式明确提出。

俯拾仰取 To digest & improve

我的收获

美文吟诵 To appreciate & read aloud

If I Rest, I Rust (Excerpts)

Orison Marden

The significant inscription① found on an old key — "If I rest, I **rust**" — would be an excellent **motto** for those who are afflicted② with the slightest bit of idleness. Even the most industrious③ person might **adopt** it with advantage to serve as a reminder that, if one allows his faculties④ to rest, like the iron in the unused key, they will soon show signs of rust and, ultimately, cannot do the work required of them.

Industry keeps bright the key that opens the treasury of achievement. If Hugh Miller, after **toiling** all day in a quarry⑤, had **devoted** his evenings to rest and **recreation**, he would never have become a famous geologist. The celebrated mathematician⑥, Edmund Stone, would never have published a mathematical dictionary, never have found the key to science of mathematics, if he had given his **spare** moments to idleness. Had the little Scotch lad, Ferguson, allowed the busy brain to go to sleep while he tended sheep on the hillside **instead of** calculating the position of the stars by a string of beads, he would never have become a famous **astronomer**.

Labor vanquishes⑦ all — not **inconstant**, spasmodic⑧, or ill-directed labor; but faithful, **unremitting**⑨, daily effort toward a well-directed purpose. Just as truly as eternal **vigilance**⑩ is the price of liberty, so is eternal industry the price of noble and enduring success.

左辅右弼 To understand & interpret

① inscription [ɪnˈskrɪpʃn] *n.* 碑文，题字
② afflict [əˈflɪkt] *v.* 使苦恼，折磨
③ industrious [ɪnˈdʌstrɪəs] *adj.* 勤奋的
④ faculty [ˈfæklti] *n.* 才能，能力
⑤ quarry [ˈkwɒri] *n.* 采石场
⑥ mathematician [ˌmæθəməˈtɪʃn] *n.* 数学家

⑦ vanquish ['væŋkwɪʃ] *vt.* 征服，战胜
⑧ spasmodic [spæz'mɒdɪk] *adj.* 一阵阵的
⑨ unremitting [ˌʌnrɪ'mɪtɪŋ] *adj.* 不停的
⑩ vigilance ['vɪdʒɪləns] *n.* 警觉心

信雅互译　*To appreciate & translate*

吾休则锈（节选）

奥里森·马登　著

南玉祥　译

在一把旧钥匙上发现了一则意义深远的铭文——吾休则锈。对那些因为懒散而烦恼的人来说，这无疑是一则最好的箴言。甚至最勤勉的人也会以此作为警示：假如一个人不充分利用自己的才能，那他们就像废弃的铁钥匙一般，很快就会生锈，最终不能完成自己的工作。

勤奋令开启成功宝库的钥匙保持光亮。假如休·米勒在采石场劳作一天之后，晚上的时光用来休息消遣的话，他就不可能成为名垂青史的地质学家。著名数学家爱德蒙·斯通如果闲暇时无所事事，就不可能出版数学词典，也不可能找到开启数学之门的钥匙。假如苏格兰青年弗格森在山坡上放羊时，让他那思维活跃的大脑处于休息状态，而没有借助一串珠子计算星星的位置，他就不可能成为著名的天文学家。

劳动征服所有。这里所指的劳动不是断断续续的、间歇性的或没有目标的劳动，而是坚定的、不懈的、朝着固定目标努力的劳动。正如想要拥有自由就要时刻保持警惕一般，想取得伟大又持久的成功就要坚持不懈地努力。

深稽博考　*To learn further & better*

当我们谈到匠心，我们谈论的是指能工巧匠的心思或技艺上的造诣；而谈到技艺，我们往往想到它的渊源、传承与创造。两者均离不开匠人的勤奋不止。文章通过"钥匙不用会生锈"的自然现象形象比喻人长期有才而不用，有能而不施，也会"生锈"。紧接着，作者用地质学家休·米勒、数学家爱德蒙·斯通和天文学家弗格森的三个成功故事来阐述勤奋能够让人不"生锈"。在该部分中，作者连用三个"如果"，用实例说明

不生锈的制胜法宝——勤奋。文末，作者再一次强调坚持不懈的努力正是成功的秘诀。

不难看出，这是一篇励志文章，通过打比方、举例子、讲道理传播着成功的要领。"勤能生慧"在文中体现得淋漓尽致，文章呼吁读者勤思考、勤尝试、勤实践，知行合一，用勤奋擦亮人生的钥匙。

其人其文　To know about the author

奥里森·马登（Orison Marden, 1848—1924），他被公认为美国成功学的奠基人和最伟大的成功励志导师，成功学之父。同时，他是美国家喻户晓的《成功》杂志的创始人，该杂志通过创造性地传播成功学改变了许多美国人的命运，并致力于完成马登尚未完成的事业：把个人成功学传授给每一个想出人头地的年轻人。

俯拾仰取　To digest & improve

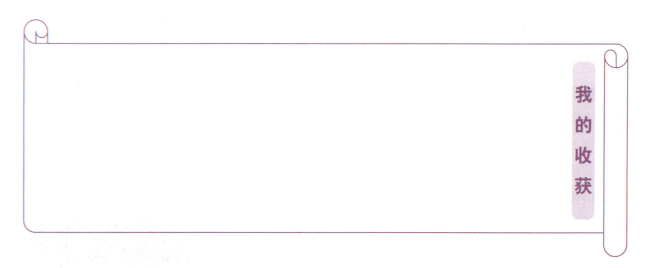

我的收获

Results and Roses

Edgar Albert Guest

The man who wants a garden **fair**,
Or small or very big,
With flowers growing here and there,
Must bend his back and dig.

The things are mighty① few on earth,
That wishes can attain②,
Whatever we want of any worth,
We've got to work to **gain**.

It matters not what goal you **seek**,
Its secret here reposes③:
You've got to **dig** from week to week,
To get results or roses.

 *To understand & interpret*

① mighty ['maɪti] *adv.* 很，非常
② attain [ə'teɪn] *vi.* 达到，获得
③ repose [rɪ'pəʊz] *vi.* 依赖，基于

信雅互译 To appreciate & translate

硕果和玫瑰

埃德加·阿尔贝特·格斯特 著

胡榕 译

要想有个美丽花园，
面积大小姑且不管，
只要园中长满鲜花，
就必须把汗水挥洒。
有愿望就能实现，
这样的事还真是少见，
只要想要的东西有价值，
就得靠努力去创造。
目标是什么并不重要，
秘诀终归只有一条：
周复一周不怕劳累，
才能收获硕果或者玫瑰。

深稽博考 To learn further & better

  这首小诗简短精练，隔行押韵，读起来朗朗上口。整首诗以种花喻世事，形象生动，浅显易懂，向我们讲述了劳动与成果的关系。第一小节讲述了若要建造美丽花园就需辛勤劳作的道理；第二节则引申到人生的奋斗，实现任何价值、达成任何目标都需要兢兢业业、勤勤恳恳，不劳而获只是个案；第三节进行总结，强调了奋斗过程的重要性。末句回到了耕耘（dig），一分耕耘一分收获，有耕耘才有硕果（results）和玫瑰（roses），从而与主题遥相呼应。

  技艺与传承是极有价值的劳动，匠人精神应是中职生人生当中的一场自我修行。虽不强求如何硕果累累，但是我们当如诗人所希冀的一般，只要想要的东西有价值，就得靠努力去创造，依靠付出汗水和努力，收获满园玫瑰的丰富与劳有所得的果实。

其人其文 *To know about the author*

埃德加·阿尔贝特·格斯特（Edgar Albert Guest，1881—1959），是 20 世纪上半叶一位高产的美国著名诗人，以"人民诗人"著称，一生发表了一万多首诗歌。格斯特的诗歌多以情感细腻、乐观积极著称。这首《硕果和玫瑰》（*Results and Roses*）短小精悍，朗朗上口，可谓其代表作。

俯拾仰取 *To digest & improve*

我的收获

美文吟诵 To appreciate & read aloud

We Are on a Journey (Excerpts)

Henry Van Dyke

Wherever you are and whoever you may be, there is one thing in which you and I are just alike at this moment, and in all the moments of our existence①:

we are not at rest; we are on a journey.

Our life is a **movement**, a tendency②, a **steady**, ceaseless③ progress towards an unseen **goal**.

We are gaining something, or losing something, every day.

Even when our **position** and our **character** seem to remain precisely④ the same, they are changing. For the **mere advance** of time is a change.

It is not the same thing to have a bare field in January and in July.

The season makes the difference.

The limitations⑤ that are childlike⑥ in the child are **childish** in the man.

Everything that we do is a step in one direction or another.

Even the failure to do something is in itself a deed.

It sets us forward or backward.

左辅右弼 To understand & interpret

① existence [ɪɡˈzɪstəns] n. 存在，实在
② tendency [ˈtendənsi] n. 倾向，趋势
③ ceaseless [ˈsiːsləs] adj. 不停断的
④ precisely [prɪˈsaɪsli] adv. 精确地
⑤ limitation [ˌlɪmɪˈteɪʃn] n. 局限
⑥ childlike [ˈtʃaɪldlaɪk] adj. 孩子似的

信雅互译 To appreciate & translate

在路上（节选）

亨利·凡·戴克 著
南玉祥 译

不管你身处何方，也不论你是何人，此时此刻，有一件事对我们而言都是一样的，并且只要活着，这个共同点便会存在。那就是：

我们不是停歇不前，而是勇往直前。

我们的生命是一种运动，一种趋势，是向着一个看不见的目标无休止奋斗的过程。

每天我们都有所得，也有所失。

尽管我们的位置与角色看起来和原来无异，事实上却是时时变化的。因为时间的推移就是一种变化。

就同样一片荒地来说，在一月和七月是截然不同的。

季节造成了这种差别。

孩子身上的缺点被看作天真烂漫，但它在大人身上成了幼稚无知。

我们做的每件事都是朝着某个方向在迈进。

即使失败也是同理：

失败能够催人奋进，也能够使人一蹶不振。

深稽博考 To learn further & better

对于人生的历练或技艺的修习，到底需达到何种境地，似乎因人而异。励志的人一生行一事，不断地钻研与前进；躲懒之人投机地运用天赋才能，步步溃退。确实，正如诗人戴克（Dyke）在诗中所体现的价值观，人生如长途跋涉，又如逆水行舟，一直在路上，不进则退。

但同时，他又认为我们都在路途之中，难以停歇自己的脚步。目的地固然重要，但更重要的在于过程，因为有时遥远的目的地，需要耗时甚久方能抵达。在这种情况下，难道无视路途中的一切，了无生趣地只把眼光盯向那遥远的一个点吗？不！人生的真正乐趣就蕴藏在过程当中，领略沿途的风光或风波吧，用心去体味这一路风景的变幻带给我们的喜悦和感动吧。

旅程如此，求学或学艺如此，人生之路更是如此。跳出局限的思维，将这人生之路具化为学习技艺的每一个阶段与步骤，我们能够领略的风景与收获的喜悦将大大地增加。

其人其文 To know about the author

亨利·凡·戴克（Henry Van Dyke，1852—1933），美国作家、教育家、演说家和传道士，1837年毕业于著名学府普林斯顿大学，后于1899—1923年在普林斯顿大学担任教授，讲授英国文学。

俯拾仰取 To digest & improve

我的收获

On Homeland & Sentiment
家园与情怀篇

第六章 有为后浪

Life is just a series of trying to make up your mind.
生活只是由一系列下决心的努力所构成的。

by T. Fulle

prologue 章节前言

  家园与情怀，似乎总能触及人们内心最底层的柔软与坚强。不管身处何方，总有一方土地让我们魂牵梦绕；不管面对何种遭遇，总有一份情怀让我们砥砺前行。

  《范仲淹有志于天下》《班超投笔从戎》的情怀昭示心怀天下的抱负，激励我们立足当下、投身理想；《月是故乡明》《故乡的野菜》牵动思乡怀旧的情绪，引领我们回望故园、细数点滴；《沁园春·长沙》《我的心爱着世界》激发我们对美好世界的向往，召唤我们直面未来、奋勇搏击。正因《我们都是地球的乘客》（Riders on the Earth Together），也许终有一天将温和地走进那良夜；但我们更是正《青春》（Youth）的有为后浪，我们将蓄积着对家园（The Home）的眷恋，坚定地走在人生的大路上，唱响属于我们的《人生颂》（A Psalm of Life）。

美文吟诵 To appreciate & read aloud

范仲淹有志于天下

作者　欧阳修

选自《宋名臣言行录》

范仲淹二岁而孤[1]，母贫无依，再适[2]常山朱氏。既长，知其世家，感泣辞母，去之南都入学舍。昼夜苦学，五年未尝解衣就寝。或夜昏怠，辄[3]以水沃面[4]。往往饘[5]粥不充，日昃[6]始食，遂大通六经[5]之旨，慨然有志于天下。常自诵曰：当先天下之忧而忧，后天下之乐而乐。

左辅右弼 To understand & interpret

[1] 孤：幼年失去父亲，现指孤儿失去双亲

[2] 适：旧指女子出嫁

[3] 辄（zhé）：往往，就

[4] 沃面：洗脸

[5] 饘（zhān）：稠的粥

[6] 日昃（zè）：太阳偏西

[5] 六经：《诗》《书》《礼》《易》《乐》《春秋》

信雅互译 To appreciate & translate

范仲淹两岁的时候就失去了父亲，家里生活贫困、没有依靠，母亲就改嫁到了常山的朱家。长大以后，（他）知道了自己的身世，含着眼泪告别了母亲，去应天府的南都学舍求学。他日夜勤学，五年中，竟然没有脱去衣服上床睡觉。有时感到昏昏欲睡，就用凉水洗脸。常常是白天苦读，什么也不吃，直到日头偏西才吃一点东西。就这样，（范仲淹）领悟了六经的主旨，后来又立下了造福天下的志向。他常常对自己讲："应当在天下人忧愁之前先忧愁，在天下人都享乐之后才享乐。"

深稽博考 To learn further & better

这是一篇励志典故，讲述范仲淹刻苦学习、逆境成才的经历，这也正是他能成为刚

直不阿、体恤民情、为政清廉的忠臣的原因。他倡导的"先忧后乐"思想和仁人志士节操，为儒家思想中的进取精神树立了一个新的标杆，是中华文明史上闪烁异彩的精神财富。

篇末范仲淹自诵之句"先天下之忧而忧，后天下之乐而乐"是出自其《岳阳楼记》中的名句，说的是应把国家、民族的利益摆在首位，为祖国的前途、命运分愁担忧，为天底下的人民幸福出力，表现出范仲淹远大的政治抱负和伟大的胸襟胆魄。

范仲淹少年时就能以天下为先，那么正处于大变革时代和肩负历史责任的青年人更应该秉持世界眼光胸怀天下。"少年强则中国强""青年强则中国强"，有什么样的青年，中国就有什么样的未来。让我们牢记范仲淹"先天下之忧而忧，后天下之乐而乐"这一名言，赋予它以新时代的思想内容，胸怀祖国，放眼世界，树立公而忘私的世界观，为中华民族的崛起而努力读书！

其人其文 To know about the author

欧阳修（1007—1072），字永叔，号醉翁、六一居士，吉州永丰人，北宋政治家、文学家。谥号文忠，世称欧阳文忠公，著有《欧阳文忠公集》。宋代文学史上最早开创一代文风的文坛领袖，与韩愈、柳宗元、苏轼、苏洵、苏辙、王安石、曾巩合称"唐宋八大家"，并与韩愈、柳宗元、苏轼被后人合称"千古文章四大家"。

俯拾仰取 To digest & improve

我的收获

美文吟诵 To appreciate & read aloud

班超投笔从戎(节选)

作者 范晔

选自《后汉书·班超传》

  班超字仲升,扶风平陵人,徐令彪之少子也。为人有大志,不修细节。然内孝谨[1],居家常执勤苦,不耻劳辱。有口辩,而涉猎[2]书传。

  永平五年,兄固被召诣[3]校书郎[4],超与母随至洛阳。家贫,常为官佣书以供养。久劳苦,尝辍[5]业投笔叹曰:"大丈夫无它志略,犹当效傅介子、张骞[1]立功异域,以取封侯,安能久事笔砚间乎?"左右皆笑之。超曰:"小子安知壮士志哉!"后超出使西域,竟立功封侯。

左辅右弼 To understand & interpret

[1] 孝谨:孝敬父母,办事谨慎
[2] 涉猎:广泛地阅读
[3] 诣(yì):这里指担任
[4] 校(jiào)书郎:官名,负责校勘书籍,订正错误
[5] 辍(chuò):停止

信雅互译 To appreciate & translate

  班超,字仲升,扶风郡平陵县人,是徐县县令班彪的小儿子。他很有志向,为人不拘小节,但在内心孝敬父母,办事慎重,在家中每每从事辛勤劳苦的粗活,不把干劳苦低下的事视为可耻。班超很有口才,广泛阅览了许多书籍。(汉明帝)永平五年,班超的哥哥班固受朝廷征召前往担任校书郎,他便和母亲一起随从哥哥来到洛阳。因为家中贫寒,他常受雇于官府,以抄书来谋生糊口,时间久了,非常辛苦。他曾经停下工作,将笔扔置一旁叹息道:"身为大丈夫,虽没有什么突出的计谋才略,总应该效仿傅介子和张骞出使外国,立功以封

---

1 傅介子、张骞:西汉人,均为因出使西域立功封侯的人。

侯。怎么能够老是干抄抄写写的事情呢？"周围的同僚听了这话都笑他。班超便说道："凡夫俗子又怎能理解志士仁人的襟怀呢？"后来，他出使西域，最终立下功劳，被封了侯。

其人其文 To know about the author

班超投笔从戎这一典故是历史的美谈。他在西域活动前后达31年，有勇有谋，能言善辩，恩威并举，征服55国，使他们归顺汉朝，巩固了汉朝廷在西域的统治，因功被封为定远侯。后人常用"投笔从戎"来形容文人从军和弃文就武。

成功从来就不是随随便便的。班超是个胸怀大志、勤奋好学的人，在少年时代就读了不少古代书籍，受张骞通西域故事的深深感染，他立志要像张骞那样为国为民干一番事业。他始终坚持理想，奋发进取，百折不挠，终获成功。

"奋斗是实现理想的阶梯。"但是，现在有的青年虽有理想，却刻苦勤奋不足；有的也很想为理想努力，但不能抓紧一点一滴的时间；有的自以为条件差、资质平庸、无用武之地，便自暴自弃，结果常常在碌碌无为的苦闷中慨叹蹉跎岁月。因而，有理想的青年，都应从眼前的现实起步，以艰苦的奋斗为绳索，搭建起通往理想境界的阶梯。

其人其文 To know about the author

范晔（公元398—445），字蔚宗，顺阳郡（今河南淅川）人，南朝宋官员、史学家、文学家。出身士族家庭，博览群书，一生才华横溢，史学成就突出，著有《后汉书》。该书博采众书，结构严谨、属词丽密，是一部记载东汉历史的纪传体断代史，与《史记》《汉书》《三国志》并称"前四史"。

俯拾仰取 To digest & improve

我的收获

美文吟诵 To appreciate & read aloud

月是故乡明

作者　季羡林

选自《季羡林散文精选》

　　每个人都有个故乡，人人的故乡都有个月亮。人人都爱自己的故乡的月亮。事情大概就是这个样子。

　　但是，如果只有孤零零一个月亮，未免显得有点孤单。因此，在中国古代诗文中，月亮总有什么东西当陪衬，最多的是山和水，什么"山高月小""三潭印月"等，不可胜数。

　　我的故乡是在山东西北部大平原上。我小的时候，从来没有见过山，也不知山为何物。我曾幻想，山大概是一个圆而粗的柱子吧，顶天立地，好不威风。以后到了济南，才见到山，恍然大悟：山原来是这个样子呀！因此，我在故乡望月，从来不同山联系。像苏东坡说的"月出于东山之上，徘徊于斗牛[1]之间"，完全是我无法想象的。

　　至于水，我的故乡小村却大大地有。几个大苇坑占了小村面积一多半。在我这个小孩子眼中，虽不能像洞庭湖"八月湖水平"那样有气派，但也颇有一点烟波浩渺之势。到了夏天，黄昏以后，我在坑边的场院里躺在地上，数天上的星星。有时候在古柳下面点起篝火，然后上树一摇，成群的知了飞落下来，比白天用嚼烂的麦粒去粘要容易得多。我天天晚上乐此不疲，天天盼望黄昏早早来临。

　　到了更晚的时候，我走到坑边，抬头看到晴空一轮明月，清光四溢，与水里的那个月亮相映成趣。我当时虽然还不懂什么叫诗兴，但也颇而乐之，心中油然有什么东西在萌动。有时候在坑边玩很久，才回家睡觉。在梦中见到两个月亮叠在一起，清光更加晶莹澄澈。第二天一早起来，到坑边苇子丛里去捡鸭子下的蛋，白白地

一闪光，手伸向水中，一摸就是一个蛋。此时更是乐不可支了。我只在故乡待了六年，以后就离乡背井，漂泊天涯。在济南住了十多年，在北京度过四年，又回到济南待了一年，然后在欧洲住了近十一年，重又回到北京，到现在已经四十多年了。在这期间，我曾到过世界上将近三十个国家，我看过许许多多的月亮。在风光旖旎[2]的瑞士莱芒湖上，在平沙无垠的非洲大沙漠中，在碧波万顷的大海中，在巍峨雄奇的高山上，我都看到过月亮，这些月亮应该说都是美妙绝伦的，我都异常喜欢。但是，看到它们，我立刻就想到我故乡那苇坑上面和水中的那个小月亮。对比之下，无论如何我也感到，这些广

阔世界的大月亮，万万比不上我那心爱的小月亮。不管我离开我的故乡多少万里，我的心立刻就飞来了。我的小月亮，我永远忘不掉你！

我现在已经年近耄耋[3]，住的朗润园是燕园胜地。夸大一点说，此地有茂林修竹，绿水环流，还有几座土山，点缀其间。风光无疑是绝妙的。前几年，我从庐山休养回来，一个同在庐山休养的老朋友来看我。他看到这样的风光，慨然说："你住在这样的好地方，还到庐山干吗呢！"可见朗润园给人印象之深。此地既然有山，有水，有树，有竹，有花，有鸟，每逢望夜，一轮当空，月光闪耀于碧波之上，上下空蒙，一碧数顷，而且荷香远溢，宿鸟幽鸣，真不能不说是赏月胜地。荷塘月色的奇景，就在我的窗外。不管是谁来到这里，难道还能不顾而乐之吗？然而，每值这样的良辰美景，我想到的却仍然是故乡苇坑里的那个平凡的小月亮。见月思乡，已经成为我经常的经历。思乡之病，说不上是苦是乐，其中有追忆，有惆怅，有留恋，有惋惜。流光如逝，时不再来。在微苦中实有甜美在。

月是故乡明，我什么时候能够再看到我故乡的月亮呀！我怅望[4]南天，心飞向故里。

左辅右弼 To understand & interpret

[1] 斗（dǒu）牛：星宿，指斗宿与牛宿
[2] 旖（yǐ）旎（nǐ）：柔和美丽
[3] 耄（mào）耋（dié）：年纪很大的人
[4] 怅望：失意、伤感地望着天空

信雅互译 To appreciate & translate

每个人都有个故乡。人人的故乡都有个月亮。人人都爱自己的故乡的月亮。
Everyone has his hometown, every hometown has a moon, and everyone loves the moon over his hometown.

月是故乡明，我什么时候能够再看到我故乡里的月亮呀。我怅望南天，心飞向故里。
Bright is the moon over my home village. When can I see that moon again? As I look southward, my heart flies there.

深稽博考 To learn further & better

文题"月是故乡明"出自唐代诗人杜甫《月夜忆舍弟》,表达了诗人在天气转凉的秋夜对兄弟的担心与思念之情。月,是中国古诗词的经典意象。在交通不便、战乱频仍、家书难寄的古代,离别成为古诗词最常见的话题之一,而寄托无处安放的思念之情的最好凭借就是彼此举头就能望见的那一轮明月。似乎望月的瞬间,月亮能照见彼此,传递这份悠长而痛苦的思念。

本文作者以其特有的清新、自然的笔调向我们展现了故乡那温馨的夜晚、恬淡的明月、童话般美妙的童年,给人一种亲切的感受,使我们感受到作者那深切的思乡之情。

故乡是我们每个人的根,年少的我们或许还不知乡愁是何滋味,但随着年岁增长,会渐渐明白故乡对于我们的意义。我们应该深信:无论将来走到哪里,我们都不能、也不应忘记这一方生养、滋养我们一切的土地。

其人其文 To know about the author

季羡林(1911—2009),字希逋,又字齐奘,山东省聊城市临清人。北大终身教授,国际著名的东方学大师,通英、德、梵、巴利文,尤精于吐火罗文,是世界仅有的精于此语言的学者之一,被奉为中国大陆的"国学大师""学界泰斗""国宝"。一生笔耕不辍,《赋得永久的悔》《清塘荷韵》是其散文随笔代表作。

俯拾仰取 To digest & improve

我的收获

美文吟诵 *To appreciate & read aloud*

故乡的野菜

作者　周作人

选自《雨天的书》

我的故乡不止一个，凡我住过的地方都是故乡。故乡对于我并没有什么特别的情分，只因钓于斯游于斯的关系，朝夕会面，遂成相识，正如乡村里的邻舍一样，虽然不是亲属，别后有时也要想念到他。我在浙东住过十几年，南京东京都住过六年，这都是我的故乡；现在住在北京，于是北京就成了我的家乡了。

日前我的妻往西单市场买菜回来，说起有荠菜在那里卖着，我便想起浙东的事来。荠菜是浙东人春天常吃的野菜，乡间不必说，就是城里只要有后园的人家都可以随时采食，妇女小儿各拿一把剪刀一只"苗篮"，蹲在地上搜寻，是一种有趣味的游戏的工作。

那时小孩们唱道："荠菜马兰头，姊姊嫁在后门头。"后来马兰头有乡人拿来进城售卖了，但荠菜还是一种野菜，须得自家去采。关于荠菜向来颇有风雅的传说，不过这似乎以吴地为主。《西湖游览志》云："三月三日男女皆戴荠菜花。"谚云："三春戴荠花，桃李羞繁华。"顾禄的《清嘉录》上亦说，"荠菜花俗呼野菜花，因谚有三月三蚂蚁上灶山之语，三日人家皆以野菜花置灶陉上，以厌虫蚁。侵晨[1]村童叫卖不绝。或妇女簪髻[2]上以祈清目，俗号眼亮花。"但浙东人却不很理会这些事情，只是挑来做菜或炒年糕吃罢了。

黄花麦果通称鼠曲草，系菊科植物，叶小，微圆互生，表面有白毛，花黄色，簇生梢头。春天采嫩叶，捣烂去汁，和粉作糕，称黄花麦果糕。小孩们有歌赞美之云：

黄花麦果韧结结，

关得大门自要吃，

半块拿弗出，一块自要吃。

清明前后扫墓时，有些人家——大约是保存古风的人家——用黄花麦果作供，但不作饼状，做成小颗如指顶大，或细条如小指，以五六个作一攒[3]，名曰茧果，不知是什么意思，或因蚕上山时设祭，也用这种食品，故有是称，亦未可知。自从十二三岁时外出不参与外祖家扫墓以后，不复见过茧果，近来住在北京，也不再见黄花麦果的影子了。

扫墓时候所常吃的还有一种野菜，俗称草紫，通称紫云英。农人在收获后，播种田内，用作肥料，是一种很被贱视的植物，但采取嫩茎瀹[4]食，味颇鲜美，似豌豆苗。花紫红色，数十亩接连不断，一片锦绣，如铺着华美的地毯，非常好看，而且花朵状若蝴蝶，又如鸡雏，尤为小孩所喜。间[5]有白色的花，相传可以治痢，很是珍重，但不易得。

中国古来没有花环，但紫云英的花球却是小孩常玩的东西，这一层我还是替那些小人们欣幸的。浙东扫墓用鼓吹，所以少年常随了乐音去看"上坟船里的姣姣"；没有钱的人家虽没有鼓吹，但是船头上篷窗下总露出些紫云英和杜鹃的花束，这也就是上坟船的确实的证据了。

左辅右弼 To understand & interpret

[1] 侵（qīn）晨：天快亮的时候

[2] 簪（zān）髻（jì）：古代汉族的发饰

[3] 攒（cuán）：凑集，聚拢

[4] 瀹（yuè）：煮

[5] 间有（jiàn）：偶有、或有

信雅互译 To appreciate & translate

我的故乡不止一个，凡我住过的地方都是故乡。

I have more than one hometown and call every place where I have lived my hometown.

花朵状若蝴蝶，又如鸡雏，尤为小孩所喜。

The flowers are **in shape of**① **butterflies**② or chicks, especially liked by children.

【注释】

① in shape of [ʃeip] 是……的形状

② butterfly [ˈbʌtəflai] n. 蝴蝶

深稽博考 To learn further & better

故乡，是每个人最魂牵梦萦的地方。它也许平凡朴实，也许华灯溢彩，但无论它是一个什么样的地方，无论它离你多远或多近，无论它是否生养了你，情之所系便是故乡。

每个人对于故乡的记忆都是丰富多彩的，但当你离它越来越远的时候，从你记忆深处款款而来的会是什么呢？野菜，是生活中最平凡、最不起眼的，又是最常见到的自然景物。荠菜、黄花麦果、草紫，正是这样一些寻常小物，从作者记忆深处一一登台亮相。当你身在一处，也许熟悉的地方没有风景；当你背井离乡，生活过的每一处足迹都是人生中最美丽的风景。而这种经过记忆积蕴、沉淀过后的小物背后喷发的是浓烈的思乡之情。

从文面上看，作者甚至是拒绝承认思乡的，但透过野菜，我们触摸到他深入骨髓的思乡之情。作者以小见大，在平淡中将思乡之情娓娓道来，在淡雅悠远中展现一幅优美的风俗画。

其人其文　*To know about the author*

周作人（1885—1967），原名周櫆寿，字星杓，是鲁迅（周树人）的弟弟，浙江绍兴人。现代著名散文家、文学理论家，中国民俗学开拓者，新文化运动杰出代表。《雨天的书》最能体现周作人前期随笔"极慕平淡自然的景地"的风格特色，是其性情之作。

俯拾仰取　*To digest & improve*

我的收获

美文吟诵 To appreciate & read aloud

沁园春[1]·长沙

作者　毛泽东

选自《毛泽东诗词集》

独立寒秋，湘江北去，橘子洲头。
看万山红遍，层林尽染[1]；
漫江碧透，百舸[2]争流。
鹰击长空，鱼翔浅底，
万类霜天竞自由。
怅寥廓[3]，
问苍茫大地，谁主沉浮？
携来百侣曾游，
忆往昔峥嵘岁月稠。
恰同学少年，风华正茂；
书生意气，挥斥方遒[4]。
指点江山，激扬文字，
粪土[5]当年万户侯。
曾记否，到中流击水，浪遏飞舟？

左辅右弼 To understand & interpret

[1] 沁园春：词牌名
[2] 舸（gě）：泛指船只
[3] 怅寥廓（liáo kuò）：面对广阔的宇宙惆怅感慨
[4] 挥斥方遒（qiú）：热情奔放，劲头正足。
　　挥斥，奔放。遒，强劲
[5] 粪土：名词作动词，意为视如粪土

1　层林尽染：化用王实甫"晓来谁染霜林醉"句，山上一层层的树林经霜打变红，像染过一样。

信雅互译 To appreciate & translate

Changsha To the Tune① Qin Yuan Chun

(Tune: "Spring over Qin Garden")
Mao Zedong

黄新渠 译

At the **tip** of the Orange Islet② **shore**,
Alone I stand in the autumn cold,
Northward the Xiang River flows.
Lo③! A myriad of④ hills are tinged⑤ with red,
The maple-leaves have **dyed** all the woods.
And the **vast stream** is in deep blue,
While all the boats try to speed ahead.
Eagles strike at the lofty air,
Fish dart⑥ through the **shallows**,
All creatures **strive for** freedom
Under this vast frosty sky.
In this **boundless** land,
I ask the great earth so far and wide,
Who are the real **masters** of the world?
I have been here with **a host of** friends,
During those soul-stirring⑦ years.
Those schoolmates were just in the prime of⑧ youth,
Our **bearing** was proud, our **talent** beaming;
We were militant in spirit, so unrestrained⑨,
Pointing at our fair hills and streams,
We praised and condemned through our writings
And those overlords⑩ were no more than dirt or dust.
Don't you remember at all,
As we **beat** the waters at mid-stream,
How the waves **dashed** against the speeding boats?

左辅右弼 To understand & interpret

① tune [tjuːn] n. 曲调
② islet ['aɪlət] n. 小岛
③ Lo [ləʊ] int. 瞧，看哪
④ a myriad of [mɪrɪəd] 大量的
⑤ tinge [tɪndʒ] vt. 着色
⑥ dart [dɑːt] vi. 疾冲
⑦ soul-stirring [səʊl'stɜːrɪŋ] adj. 惊心动魄的
⑧ in the prime of youth [praɪm] 在风华正茂时
⑨ unrestrained [ˌʌnrɪ'streɪnd] adj. 无限制的
⑩ overlord ['əʊvəlɔːd] n. 统治者，君主

深稽博考 To learn further & better

一字逗，也叫一字领。是词中语气上很短的停顿，是词的一大特点。比如，有些五字句，实际上是上一下四，就是把五字句分解为第一个字单独念，后四个字连起来念。这样，第一个字就是一字逗，而且必须用去声字。

如本词上阕"看万山红遍……万类霜天竞自由"由"看"领起，都是"看"的内容。又如下阕"恰同学少年……粪土当年万户侯"，"恰"同"看"一样，都是"一字逗"。

本词意境深远，寓意深刻。毛泽东在创作时，正值革命运动蓬勃涌起，他将权贵视作粪土，预言着主宰这个世界的是他们那一辈青年，表现出以天下为己任的高涨热情的革命精神。它告诉我们，青年时期应当树立宏大的志向，积极进取，努力闯出属于自己的天地。

其人其文 To know about the author

毛泽东（1893—1976），字润之，湖南湘潭韶山人。中国当代杰出的诗人、书法家，伟大的马克思主义者，中华人民共和国领导人，20世纪最具影响100人之一。文章气势磅礴，用典丰富，独具特色，《毛泽东诗词集》渗透着毛泽东思想哲理，是毛泽东文艺思想实践的典范。

俯拾仰取 To digest & improve

我的收获

美文吟诵 To appreciate & read aloud

我的心爱着世界

作者　顾　城

选自《顾城文选》

我的心爱着世界
爱着，在一个冬天的夜晚
轻轻吻她，像一个纯净的
野火，吻着全部草地
草地是温暖的，在尽头
有一片冰湖，湖底睡着鲈鱼[1]

我的心爱着世界
她溶化了，像一朵霜花
溶进了我的血液，她
亲切地流着，从海洋流向
高山，流着，使眼睛变得蔚蓝
使早晨变得红润

我的心爱着世界
我爱着，用我的血液为她
画像，可爱的侧面像
玉米和群星的珠串不再闪耀
有些人疲倦了，转过头去
转过头去，去欣赏一张广告

1　鲈鱼：古淞江鲈鱼、长江鲥鱼、黄河鲤鱼和巢湖银鱼被誉为"四大名鱼"。古诗常以鲈鱼表达思乡之情。

 To appreciate & translate

My Heart Loves the World

Gu Cheng

Isham Cook & Zhao Shufen 译

My heart loves the world

Loves, and on a winter night

Kisses her gently, like a pure and clean

Wild fire, that kisses all the grass

The meadow① is warm, at the end of which

Lies an ice lake with perches②

slumber③ at its bottom

My heart loves the world

And she melts④, like a frost⑤ flower

Into my vein⑥ of blood, and she

Flows, kindly, from the sea

To the high mountains, flows

Brushing the eyes blue and morning red

My heart loves the world

I love, and with my blood

Draw for her sketches⑦, lovely profiles⑧

The beads⑨ of corn and stars no longer sparkle

Someone is tired and averts⑩ the head

Averts the head toward an advertisement

左辅右弼 To understand & interpret

① meadow ['medəʊ] n. 草地；牧场
② perch [pɜːtʃ] n. 鲈鱼
③ slumber ['slʌmbə(r)] v. 睡眠
④ melt [melt] vi. 熔化，溶解
⑤ frost [frɒst] n. 冰冻，霜
⑥ vein [veɪn] n. 血管，叶脉
⑦ sketch [sketʃ] n. 素描
⑧ profile ['prəʊfaɪl] n. 侧面，轮廓
⑨ bead [biːd] n. 珠子
⑩ avert [əˈvɜːt] vt. 转移

深稽博考 To learn further & better

顾城是以一颗童心看世界的"童话诗人"。他的诗歌纯真无瑕、扑朔迷离。诗人自认为最后的岁月完全处于"无我"状态，一切跟从梦、思、灵感，诗歌语言及其意象有一种破碎之美，从其表象上又好像回到了刚开始写诗的状态，只是少年时他在建立童话世界，现在，他在建造一座更奇幻的梦幻城堡。

文章首段是顾城童话般美丽世界的幻想，他如野火一般炽烈地燃烧着对这个纯净世界全部的爱。接着他继续沉浸其中，将这个幻想的美好世界融进他的血液，与他共存。最后，将自己的童话世界构筑成自己的梦幻城堡，但是这个世界并不为人所认可，俗世之人更多的是在商业社会倾注对物质的热忱，忘记了纯粹的美好。

在我们的世界里，我们也有自己的梦想/自己的期待，或许不被理解不被认可，或许和当下有许多的格格不入。但是，迷茫中的我们也应不忘初心，坚守住内心最美的梦想，让我们的梦想在脚下开出一片灿烂。

其人其文 To know about the author

顾城（1956—1993），原籍上海，生于北京，中国"朦胧诗派"重要代表人物之一，被称为当代的"唯灵浪漫主义"诗人，在新诗、旧体诗和寓言故事诗上都有很高的造诣。其中《一代人》中的"黑夜给了我黑色的眼睛，我却用它寻找光明"成为中国新诗的经典名句。代表诗作有《英儿》《白昼的月亮》《黑眼睛》《我是一个任性的孩子》等。

俯拾仰取 To digest & improve

我的收获

Riders on the Earth Together (Excerpts)

Richard Milhous Nixon

Each moment in history is a fleeting time①, **precious** and **unique**.

But some **stand out** as moments of beginning, in which courses are set that shape **decades** or **centuries**. This can be such a moment. Forces now are converging② that make possible, for the first time, the hope that many of man's deepest aspirations③ can at last be **realized**.

In that moment, their view from the moon **moved** poet Archibald MacLeish to write:

"To see the earth as it truly is, small and blue and beautiful in that eternal④ **silence** where it floats⑤, is to see ourselves as riders on the earth together, brothers on that bright loveliness in the eternal cold—brothers who know now they are truly brothers."

Our destiny⑥ offers, not the cup of **despair**, but the chalice⑦ of **opportunity**. So let us **seize** it, not in fear, but in gladness —and "riders on the earth together", let us go forward, firm in our faith, steadfast⑧ in our **purpose**, **cautious** of the dangers, but sustained by our confidence in the will of God and the **promise** of man.

To understand & interpret

① fleeting time [ˈfliːtɪŋ] 飞逝的时光
② converge [kənˈvɜːdʒ] vi. 汇聚，聚集
③ aspiration [ˌæspəˈreɪʃn] n. 渴望
④ eternal [ɪˈtɜːnl] adj. 永恒的
⑤ float [fləʊt] vi. 浮动，漂流
⑥ destiny [ˈdestəni] n. 命运
⑦ chalice [ˈtʃælɪs] n. 圣餐杯
⑧ steadfast [ˈstedfɑːst] adj. 坚定的

信雅互译 To appreciate & translate

我们都是地球的乘客（节选）

理查德·米尔豪斯·尼克松 著

李燕 译

历史上的每一刻都是飞逝的时光，珍贵而独特。

但是，某些时刻因其作为起点而不同寻常，那些时刻决定着数十年甚至几个世纪的发展。现在就是这样的一个时刻。现在各种力量正汇聚在一起，使我们第一次有能力将人类的许多夙愿[1]最终得以实现变成可能。

那一刻，他们从月球上表达的心愿促使诗人阿奇博尔德·麦克利什[1]写下：

"若要真实地看清地球，那小小的、蔚蓝的、美丽的、漂浮在永恒寂静中的地球，就得把我们自己都看作地球的乘客，是在永远寒冷的宇宙中，依靠光明而挚爱的兄弟——这群兄弟如今懂得他们是真正的兄弟。"

命运赐予我们的不是绝望的苦酒，而是机遇的美餐。所以让我们抓住它，不要害怕，而应该高兴——"地球的乘客们"，让我们前进吧，坚定信念，坚定目标，提防[2]危险，以我们对上帝的意志和人类希望的信念为支柱。

左辅右弼 To understand & interpret

[1] 夙（sù）愿：一向怀着的愿望
[2] 提防（dī fang）：小心防备

深稽博考 To learn further & better

谈及家园，我们难免缱绻柔软之意。古人云心安处即故乡，而摒弃偏见、包容差异，那地球毫无疑问该是我们全人类赖以共同生存的家园。在尼克松的演讲里，家园无限包容，相较于其漫长永恒的存在，我们都只是身处其中的乘客。因此，他呼吁我们应

---

1 阿奇博尔德·麦克利什（Archibald Macleish，1892—1982）：美国诗人，曾从事教师、律师及新闻记者等多种职业，主张诗歌应该为社会服务。

当负有保护它的意识与建设它的责任。

  本文节选自尼克松 1969 年 1 月的总统就职演说。文章虽只是截取了演说词其中的一小段内容,仍可令读者管中窥豹,深受启发。他引用诗人麦克利什对于地球的描述,将人与人之间的奋斗升华为人与自然、与历史契机之间的抗衡;他将人生中的挫折或不幸比作机遇的美餐,是前进的信念与动力。他以富有文采与激情的话语阐述了其外交方面的开放思想及对人类发展的坚定信念。

  我们应始终记得自己都是,也只是地球的乘客。我们居住于此,将其视为家园,以美好未来为愿景,以不损其原貌为己任。

其人其文　To know about the author

  理查德·米尔豪斯·尼克松(Richard Milhous Nixon,1913—1994),美国第 37 位总统,出生于美国加利福尼亚州。尼克松有雄辩的口才和非凡的演讲技巧。他把演讲作为一种政治手段,并取得了惊人成功,被公认是"天才演说家"。 尼克松于 1972 年和 1976 年两度访华,是首位在任期间访华的美国总统,被称为"中国人民的老朋友"。

俯拾仰取　To digest & improve

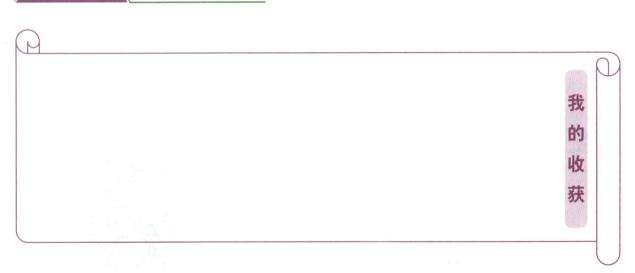

我的收获

美文吟诵 *To appreciate & read aloud*

Youth

Samuel Ullman

Youth is not a time of life; it is a **state** of mind; it is not a matter of rosy① cheeks, red lips and supple knees; it is a **matter** of the will, a **quality** of the imagination, a vigor② of the emotions; it is the freshness of the deep springs of life.

Youth means a temperamental predominance③ of courage over timidity④, of the appetite⑤ for **adventure** over the love of **ease**. This often exists in a man of 60 more than a boy of 20. Nobody grows old merely by a number of years. We grow old by **deserting** our **ideals**.

Whether 60 or 16, there is in every human being's heart the lure⑥ of wonders, the unfailing appetite for what's next and the joy of the game of living. In the center of your heart and my heart, there is a **wireless** station; **so long as** it receives messages of beauty, hope, courage and power from man and from the infinite, so long as you are young.

When your aerials⑦ are down, and your spirit is covered with snows of cynicism⑧ and the ice of pessimism⑨, then you've grown old, even at 20; but as long as your aerials are up, to catch **waves** of optimism⑩, there's hope you may die young at 80.

左辅右弼 *To understand & interpret*

① rosy [ˈrəʊzi] *adj.* 红润的

② vigor [ˈvɪɡə] *n.* 元气

③ predominance [prɪˈdɒmɪnəns] *n.* 支配地位

④ timidity [tɪˈmɪdəti] *n.* 胆小

⑤ appetite [ˈæpɪtaɪt] *n.* 强烈欲望

⑥ lure [lʊə(r)] *n.* 诱惑力

⑦ aerials [ˈeərɪəlz] *n.* 天线

⑧ cynicism [ˈsɪnɪsɪzəm] *n.* 愤世嫉俗

⑨ pessimism [ˈpesɪmɪzəm] *n.* 悲观

⑩ optimism [ˈɒptɪmɪzəm] *n.* 乐观

信雅互译 To appreciate & translate

青 春

塞缪尔·厄尔曼 著

王佐良 译

青春不是年华，而是心境；青春不是桃面、丹唇、柔膝，而是深沉的意志，恢宏的想象，炙热的感情；青春是生命的深泉在涌流。

青春气贯长虹[1]，勇锐盖过怯弱，进取压倒苟安。如此锐气，二十后生[2]而有之，六旬男子则更多见。年岁有加，并非垂老，理想丢弃，方堕暮年。

无论年届花甲，抑或二八芳龄[3]，心中皆有生命之欢乐，奇迹之诱惑，孩童般天真久盛不衰。人人心中皆有一台天线，只要你从天上人间接受美好、希望、欢乐、勇气和力量的信号，你就青春永驻，风华常存。

一旦天线下降，锐气便被冰雪覆盖，玩世不恭、自暴自弃油然而生，即使年方二十，实已垂垂老矣；然则只要树起天线，捕捉乐观信号，你就有望在八十高龄告别尘寰[4]时仍觉年轻。

左辅右弼 To understand & interpret

[1] 气贯长虹：形容精神极其崇高，气概极其豪壮
[2] 后生：指青年
[3] 花甲：指60岁；二八：指16岁
[4] 尘寰（huán）：尘世，人世间

深稽博考 To learn further & better

青春是每一代人的热血情怀，是年轻的、张扬的、自信的。谁不曾年轻过？但是否年长后就不再拥有青春？厄尔曼在他的散文里开宗明义，指出青春的情怀是一种年轻的心境、深沉的意志、炙热的感情，与年岁并无直接关系。

厄尔曼的文笔优美，极擅运用比喻、对比等修辞手法，将抽象的概念具体化。文中作者反复将青年与垂暮两个状态进行对比，以掷地有声之语指出"理想丢弃，方堕暮

年",反之,"八十高龄告别尘寰时,仍觉年轻"。

正青春的少年人们,我们的生命像流星般转瞬即逝。如不珍惜、不奋斗、不自信,没有理想和抱负,那么你尽管是处于青春年华,也不曾拥有青春。我们应该利用青春年华,接受美好和希望,不断地用美好和希望来塑造自己,超越自己。更要用我们有限的时光来延长我们的青春,用我们的无限热忱和执着渴求让自己的青春永放光芒。

其人其文　*To know about the author*

塞缪尔·厄尔曼(Samuel Ullman),美国作家,1840年生于德国,儿时随家人移居美国。他曾参加过美国南北战争,之后定居伯明翰,经营五金杂货,年逾70岁才开始写作。本篇为其散文代表作。*Youth* 这篇文章几乎是英语学习者的必背篇目,在亚洲,特别是日本,也有较为深远的影响。

俯拾仰取　*To digest & improve*

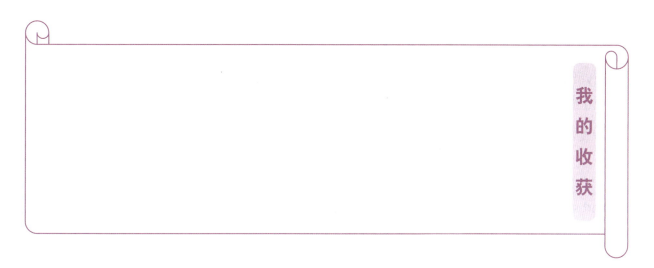

我的收获

 **To appreciate & read aloud**

The Home

Tagore

I **paced** alone on the road across the field,
While the sunset was hiding its last gold like a miser[①].
The daylight sank deeper and deeper into the darkness,
And the widowed land, whose harvest had been **reaped**, lay silent.
Suddenly a boy's shrill[②] voice rose into the sky.
He traversed the dark unseen,
Leaving the **track** of his song across the hush[③] of the evening.

His village home **lay** there at the end of the waste land,
Beyond the sugar-cane[④] field, hidden among the shadows of the banana
And the **slender** areca palm[⑤], the cocoa-nut
And the dark green jack-fruit[⑥] trees.

I stopped for a moment in my lonely way under the starlight,
And saw **spread** before me
The darkened earth **surrounding** with her arms
Countless homes **furnished** with cradles[⑦] and beds,
Mothers' hearts and evening lamps, and young lives
Glad with a gladness that knows nothing of its **value** for the world.

 **To understand & interpret**

① miser ['maɪzə(r)] n. 吝啬鬼，守财奴
② shrill [ʃrɪl] adj. 刺耳的，尖声的
③ hush [hʌʃ] n. 寂静
④ sugar-cane ['ʃʊɡə keɪn] n. 甘蔗
⑤ areca palm [ə'riːkə][pɑːm] n. 槟榔树

⑥ jack-fruit *n.* 菠萝蜜
⑦ cradle [ˈkreɪdl] *n.* 摇篮

信雅互译 To appreciate & translate

家

泰戈尔 著

郑振铎 译

我独自在横跨过田地的路上走着，夕阳像一个守财奴似的，正藏起他的最后的金子[1]。

白昼更加深沉地投入黑暗之中，那已经收割了的孤寂的田地，默默地躺在那里。

天空里突然升起了一个男孩子的尖锐的歌声。他穿过看不见的黑暗，留下他歌声的辙痕[2]跨过黄昏的静谧[3]。

他乡村的家坐落在荒凉的边野上，在甘蔗田的后面，躲藏在香蕉树、瘦长的槟榔树、椰子树和深绿色的贾克果树[4]的阴影里。

我在星光下独自走着的路上停留了一会儿，我看见黑沉沉的大地展开在我的面前，用她的手臂拥抱着无量数[5]的家庭，在那些家庭里有着摇篮和床铺，母亲们的心和夜晚的灯，还有年轻轻的生命，他们满心欢乐，却浑然不知这样的欢乐对于世界的价值。

左辅右弼 To understand & interpret

［1］金子：此为比喻用法，指落日金辉

［2］辙（zhé）痕：原指车轮压过的痕迹，此处运用了通感的修辞手法

［3］静谧（mì）：静寂无声

［4］贾克果树：菠萝蜜树，文中采用的是音译法

［5］无量数：不可估量之数，极言其多

深稽博考 To learn further & better

睹物思乡、借景抒情，是古往今来的中外文人特别擅长的。"夕阳像一个守财奴似的""收割了的孤寂田地""黑沉沉的大地展开"，诗人寂寥的情感跃然纸上。再联

系本诗的标题《家》（Home）以及最后一节中"母亲们的心""夜晚的灯"等意象，我们不难推测出作者要么在寻觅一个温暖的家庭，但暂无结果；要么是背井离乡，漂泊情怯。也许诗人察觉前路漫漫，热切企盼着能从一条"路"走向一个"家"，但现实之"路"横亘在田野，且阡陌交通，极难选定方向；于是，诗人陷入自我彷徨的踽踽独行中。

作者描绘了人类与自然融为一体的美，静中有动，动静结合，并用最后一句道出了作者内心向往并为之努力在做的：没有殖民者的、和平与平等的社会。此处，我们终于可以理解，诗人口中的"家"实为其祖国，乃大"家"。走在人生道路上，彷徨也好，孤寂也罢，我们要牢记我们对家人、对社会、对祖国的责任。

其人其文 To know about the author

泰戈尔（Tagore，1861—1941），印度著名诗人、文学家、社会活动家、哲学家和印度民族主义者。1913年，他以《吉檀迦利》成为第一位获得诺贝尔文学奖的亚洲人。他的诗中含有深刻的宗教和哲学见解，在印度享有史诗的地位，代表作有《吉檀迦利》《飞鸟集》《新月集》等。

俯拾仰取 To digest & improve

我的收获

A Psalm① of Life (Excerpts)

Henry Wadsworth Longfellow

Life is real! Life is earnest②!
And the grave is not its goal;
Dust thou art, to dust returnest¹,
Was not spoken of the soul.

Not **enjoyment**, and not **sorrow**,
Is our destined③ end or way;
But to act, that each tomorrow
Find us **farther** than today.

Trust no future, **however** pleasant!
Let the dead past bury④ its dead!
Act, act in the living **present**!
Heart within, and God overhead!

Lives of great men all **remind** us
We can make our lives sublime⑤,
And, **departing**, leave behind us
Footprints on the sands of time;
Footprints, that perhaps another,
Sailing over life's solemn main⑥,
A forlorn⑦ and shipwrecked⑧ brother,
Seeing, shall take heart again.

---

1 古英语中的 thou [ðaʊ] 相当于现代英语中的 you；art 相当于 are；returnest 相当于 return。

左辅右弼 To understand & interpret

① psalm [sɑ:m] n. 赞美诗，圣诗
② earnest ['ɜ:nɪst] adj. 真挚的
③ destined ['destɪnd] adj. 命中注定的
④ bury ['beri] vt. 安葬，埋藏
⑤ sublime [sə'blaɪm] adj. 崇高的
⑥ solemn main ['sɒləm] 庄严的水道
⑦ forlorn [fə'lɔ:n] adj. 孤独的
⑧ shipwreck ['ʃɪprek] vt. 遭遇海难

信雅互译 To appreciate & translate

人生颂（节选）

亨利·沃兹沃斯·朗费罗　著

杨德豫　译

人生是真切的！人生是实在的！
它的归宿绝不是荒坟；
"你本是尘土，必归于尘土"[1]，
这是指躯壳，不是指灵魂。

我们命定的[2]目标和道路，
不是享乐，也不是受苦；
而是行动，在每个明天，
都超越今天，跨出新步。

别指望将来，不管它多可爱！
把已逝的"过去"永久掩埋！
行动吧——趁着活生生的现在！
心中有赤心[3]，头上有真宰[4]！

伟人的生平启示我们：

我们能够生活得高尚，
而当告别人世的时候，
在时间的流沙上留下脚印[5]。

也许有另一个人，
在他的人生之海上浮沉，
遇险沉了船，面临绝望的时刻，
看到这脚印后，会重新振作。

左辅右弼　To understand & interpret

[1] 这句话引自《圣经·创世记》，意为人生都从虚无到有，最终又归于虚无
[2] 命定的：指命中注定的
[3] 赤心：比喻真诚，忠贞
[4] 真宰（zǎi）：宇宙的主宰，此处指上帝
[5] 脚印：比喻人生在世所达成的功绩

深稽博考　To learn further & better

如果要为人生写一首颂歌，你会为其谱以哪种基调？及时行乐，抑或积极进取？诗人认为人生该是真挚而热烈的，应该趁着"活生生的现在"去行动、去创造、去为后来者踏平荆棘。朗费罗的这首原诗是一首较为经典的抒情与教谕诗，本课选取了其中的五个小节，虽然篇幅较短，但结构工整、条理清晰，较为完整地保留了诗人对人生价值的诠释。

全诗以四行诗的形式书写，每小节都押 abab 的隔行韵脚，使全诗节奏明快，充满律动，朗读起来优美动听，朗朗上口。另外，诗中还包含了诸如"Life is real!Life is earnest!"这样的平衡对称结构，读起来节奏感十分强烈。读者可以在朗读时与作者产生共情，感受到字里行间的积极与乐观。确实，不论消极抑或积极，我们的人生颂歌由自己谱写。青春正当时，追忆往昔与遥望未来均属无意义，我们青年人该把握当下，积极进取。

其人其文　To know about the author

亨利·沃兹沃斯·朗费罗（Henry Wadsworth Longfellow，1807—1882），19 世纪

美国最伟大的浪漫主义诗人之一、著名的学者、小说家和诗人，以《夜的声音》《伊万杰琳》和《海瓦莎之歌》等作品而闻名。朗费罗晚年备受推崇，伦敦威斯敏斯特教堂诗人之角安放了他的雕像，他是获得这种尊荣的第一位美国诗人。

俯拾仰取 To digest & improve

我的收获

Words and Expressions in Each Chapter
各章生词和习惯用语

注：此处仅列举文章中黑体加粗的英文课标词与短语；非课标生词已在每篇文章的"左辅右弼"环节中呈现。

Chapter 1

distance /ˈdɪstəns/ n. 距离；远处；疏远
distant /ˈdɪstənt/ adj. 遥远的；冷淡的
hang /hæŋ/
vt./vi. (-hung-hung) 悬挂；吊；垂着
vt. (-hanged-hanged) 吊死；绞死
hang loose 松散地披着
regret /rɪˈgret/ n. 遗憾；歉意
vt./vi (-regretted-regretted) 后悔；对……遗憾
all of a sudden 突然地；出乎意料地
benefit /ˈbenɪfɪt/ n. 利益；好处
vt./vi. 有益于；对……有益；受益
be thirsty for 渴望……
generally /ˈdʒenrəli/ adv. 通常；普遍地
pool /puːl/ n. 水塘；联营；vt./vi 联营
swimming pool 游泳池
shade /ʃeɪd/ n. 树荫；阴凉处；明亮度
vt./vi. 使阴暗；使渐变
pursue /pəˈsjuː/ vt. 继续；从事；追求
vi. 追赶；继续进行
course /kɔːs/ n. 科目；课程；路线；航道

source /kɔːs/ n. 来源；水源
day break 黎明；天刚亮
condemn /kən'dem/ vt. 谴责；判刑；鄙视
admire /əd'maɪə(r)/ vt./vi. 钦佩；赞美
admiration /ˌædməˈreɪʃn/ n. 钦佩；赞美
wisdom /ˈwɪzdəm/ n. 智慧；才智；学识
wise /waɪz/ adj. 明智的；聪明的
take for granted 认为……理所当然
swallow /ˈswɒləʊ/ vt./vi. 忍受；吞下
n. 燕子；一次吞咽的量
chew /tʃuː/ vt./vi. 咀嚼，嚼；沉思，反刍
n. 咀嚼物；口香糖
digest /daɪ'dʒest/ vt./vi. 消化；吸收
curiously /ˈkjʊərɪəsli/ adv. 好奇地
curious /ˈkjʊərɪəs/ adj. 好奇的
curiosity /ˌkjʊərɪˈɒsəti/ n. 好奇；好奇心
diligence /ˈdɪlɪdʒəns/ n. 勤奋；勤勉
diligent /ˈdɪlɪdʒənt/ adj. 勤勉的；用功的
argument /ˈɑːgjumənt/ n. 论证；论据
argue /ˈɑːgjuː/ vt./vi. 争论；争辩
confer /kən'fɜː/ vi. 协商；vt. 授予
wit /wɪt/ n. 智慧；才智；智力
cunning /ˈkʌnɪŋ/ adj. 狡辩的；巧妙的
company /ˈkʌmpəni/ n. 公司；陪伴
vt./vi. 交往；陪伴
whether...or... 不论……还是……
cheerful /ˈtʃɪəfl/ adj. 快乐的；愉快的
cheer /tʃɪə(r)/ n./vt. 欢呼；加油；使振奋
turn one's back upon 置之不理
amuse /əˈmjuːz/ vt. 娱乐；消遣；使发笑
amusing /əˈmjuːzɪŋ/ adj. 有趣的；好玩的
instruct /ɪnˈstrʌkt/ vt. 指导；通知；命令
instruction /ɪnˈstrʌkʃn/ n. 指示；命令
youth /juːθ/ n. 青年；青春
comfort /ˈkʌmfət/ n./vt. 安慰；舒适
comfortable /ˈkʌmfətəbl/ adj. 舒适的
discover /dɪˈskʌvə(r)/ vt. 发觉；发现
discovery /dɪˈskʌvəri/ n. 发现；发觉

mutual /ˈmjuːtʃuəl/ adj. 共同的；彼此的
entertain /ˌentəˈteɪn/ vt./vi. 娱乐；招待
bond /bɒnd/ n. 结合；债券；约定
vt./vi. 结合；使团结
poetry /ˈpəʊətri/ n. 诗歌（总）
poet /ˈpəʊɪt/ n. 诗人
human /ˈhjuːmən/ n./adj. 人类；人的
soul /səʊl/ n. 灵魂；心灵
precious /ˈpreʃəs/ adj. 宝贵的；珍贵的
spirit /ˈspɪrɪt/ n. 精神；心灵；情绪
dust /dʌst/ n. 灰尘；尘土
loosen /ˈluːsn/ vt./vi. 放松；松开

Chapter 2

rather than /ˈrɑːðə ðən/
conj. 宁可……也不愿；而不是
prep. 而非……；替代……
consist /kənˈsɪst/ vi. 由……组成；构成
somewhat /ˈsʌmwɒt/ adv. 稍微；有些
pron. 某物；一些
pace /peɪs/ n. 速度；步伐 vi. 踱步
alert /əˈlɜːt/ adj. 警觉的；灵敏的
vt. 使意识到；警惕
n. 警戒；警报
board /bɔːd/ v. 登（飞机、车、船等）
n. 布告板；董事会；船舷或机舱
proceed /prəˈsiːd/ vi. 继续进行；开始
slothful /ˈsləʊθfl/ adj. 怠惰的；懒惰
reckless /ˈrekləs/ adj. 鲁莽的；不计后果的
roughly /ˈrʌfli/ adv. 粗略地；大约
sulk /sʌlk/ vi./n. 不高兴；愠怒
drowse /draʊz/ n. 瞌睡
vi./vt. 打瞌睡；使昏昏欲睡
seek for /siːk fɔː/ 寻觅；寻找
hide /haɪd/ v. (-hid, -hidden/hid) 藏；隐瞒
surround /səˈraʊnd/ vt. 包围；环绕；
n. 环绕物
dusk /dʌsk/ n. 黄昏；薄暮；幽暗
take on /teɪk ɒn/ 承担；呈现

gaze /geɪz/ vi. (-gazed，-gazed) 凝视
tender /'tendə(r) /adj. 温柔的；脆弱的
memory /'meməri/ n. 记忆力；回忆
seaside /'siːsaɪd/ n. 海边
fortune /'fɔːtʃuːn/ n. 命运；财产
against /ə'genst/ prep. 反对；逆
oppose /ə'pəʊz/ v. 反对；对抗
heartache /'hɑːteɪk/ n. 心痛
natural /'nætʃrəl/ adj. 自然的；天然的
shock /ʃɒk/ n. 震惊；震动 vt. 使震惊
rub /rʌb/ n. 困难；障碍 vi. 擦；惹恼
death /deθ/ n. 死；死亡
pause /pɔːz/ n. 暂停；中止 vi. 停顿；中止
respect /rɪ'spekt/ vt./ n. 尊敬；尊重
pilot /'paɪlət/ n. 飞行员；领航员 v. 领航；
shade /ʃeɪd/ n. 阴影；遮蔽
vt. 遮蔽；使阴暗 vi. 渐变
pleasure /'pleʒə(r)/ n. 愉快；高兴
blessing /'blesɪŋ/ n. 祝福；祷告
following /'fɒləʊɪŋ/ adj. 接着的；下列的
prep. 在……以后 n. 追随者；下列各项
by turns /baɪ 'tɜːnz/ 轮流；交替地
shadow /'ʃædəʊ/ n. 影子；阴影
sorrow /'sɒrəʊ/ n. 悲伤；悲痛
vi. 悲伤；惋惜
loss /lɒs/ n. 遗失；损失
affair /ə'feə(r)/ n. 私通；事件
character /'kærəktə(r)/ n. 个性；品质
genius /'dʒiːniəs/ n. 天才；天赋
self-control /self kən'trəʊl /n. 克己；自制
within /wɪ'ðɪn/ n. 内部 adv. 在……里面
prep. 在（某段时间、距离或范围）内
waste /weɪst/ n. 废物；浪费
v. 浪费；消耗
adj. 荒芜的；浪费的
regret /rɪ'gret/ v. 后悔；惋惜 n. 遗憾；抱歉
to the point /tu ðə pɔɪnt/ 切题；切中要害
repeat/rɪ'piːt/ n./vt. 重复；反复

noble /ˈnəʊbl/ (-nobler, -noblest)　*adj.* 高贵的
n. 贵族
field /fiːld/ *n.* 田地；领域
wood /wʊd/ *n.* 木材；木头
travel /ˈtrævl/ *v.* 旅行；去某地
n. 旅行；移动
bend /bend/ *v.* (-bent, -bent) 弯曲；使弯曲
n. 弯曲；弯道
as just as fair 一样的合适，一样的诱人
claim /kleɪm/　*n./vt.* 要求；主张
grassy /ˈɡrɑːsi/ *adj.* 长满草的；草绿色的
equally /ˈiːkwəli/ *adv.* 相等地；平等地
lay /leɪ/ *v.* 放置；躺下 (lie 的过去式)
doubt /daʊt/ *n./v.* 怀疑；疑惑；不信任

Chapter 3

sort of 有点；稍稍；到某种程度
gently /ˈdʒentli/ *adv.* 轻轻地；温柔地
soothe /suːð/ *vt.* 安慰；使平静
adventure /ədˈventʃə(r)/
n. 冒险；冒险精神；投机活动
vt./vi. 冒险；大胆说出
politician /ˌpɒləˈtɪʃn/ *n.* 政治家，政客
dedicated /ˈdedɪkeɪtɪd/ *adj.* 专注的；献身的
dedicate /ˈdedɪkeɪt/ *vt.* 致力；献身；题献
ponder /ˈpɒndə(r)/ *vt.* 仔细考虑；衡量
vi. 考虑；沉思
honorable /ˈɒnərəbl/ *adj.* 光荣的；可敬的
（honourable 的美式写法）
honor /ˈɒnə(r)/ *n.* 荣誉；信用；头衔
vt. 尊敬 (=honour)；给……以荣誉
commit /kəˈmɪt/ *vt.* 犯罪；把……交托给
scold /skəʊld/ *vt./vi.* 责骂；叱责
n. 责骂；爱责骂的人
emergency /ɪˈmɜːdʒənsi/ *n.* 紧急情况；突发事件；非常时刻
reserved /rɪˈzɜːvd/ *adj.* 保留的，预订的
reserve /rɪˈzɜːv/ *v.* 预订（座位等）；留出
vehicle /ˈviːɪk(ə)l/ *n.* 车辆；交通工具
album /ˈælbəm/ *n.* 专辑，影集；相册

zillion /ˈzɪljən/ adj. 无限数的

n. 庞大的数字；无法计算的数字

pick up 捡起；获得；接送

embarrassed /ɪmˈbærəst/ adj. 尴尬；窘迫的

embarrass /ɪmˈbærəs/ v. 使……困窘；使……局促不安

long for 渴望

dwell /dwel/ vi. 居住；存在于；细想某事

dwell in 居住在

strive /straɪv/ vi. 努力；设法；力图

seek /siːk/ (-sought, -sought) vt./vi. 寻求；寻找；探索；搜索

bow /baʊ/ n. 饰片；弓形物 v. 鞠躬

swift /swɪft/ adj. 迅速的，快的，敏捷的

stable /ˈsteɪbl/ n. 马厩；养马场

adj. 稳定的，牢固的；稳重的，沉稳的

dawn /dɔːn/ n. 黎明；开端

vt. 破晓；出现；被领悟

scrub /skrʌb/ n. 矮树；擦洗；擦洗者

vt./vi. 用力擦洗；使净化

adj. 矮小的；次等的

bake /beɪk/ n. 烤；烘烤食品

vt./vi 烘面包；被烤干；受热

ribbon /ˈrɪbən/ n. 绶带，丝带；带状物

idleness /ˈaɪdlnəs/ n. 懒惰；闲散；失业

sigh /saɪ/ n./vi. 叹息，叹气；（风）呼啸

lift /lɪft/ v. 举起；抬起；提高（嗓子）音量

n. 电梯；举起；（价格）上涨

seed /siːd/ n. 种子 vt./vi. 播种

feeble /ˈfiːbl/ adj. 微弱的；虚弱的；薄弱的

Chapter 4

stand /stænd/

v. (-stood, -stood) 站立；使站立；忍受

n. 站立；立场；看台；货摊

stand the test 经受考验

lifelong /ˈlaɪflɒŋ/ adj. 终身的

sincerity /sɪnˈserəti/ n. 真实，诚挚

devote /dɪˈvəʊt/ v. 致力于，奉献于

bloom /bluːm/ v. 开花 n. 花

disappear /ˌdɪsəˈpɪə(r)/ vi. 消失；失踪

distance /ˈdɪstəns/ n. 距离；远方
crossroad /ˈkrɒsrəʊd/ n. 十字路口
tear /ˈtɪə/ n. 眼泪
by accident 偶然；意外地
eventful /ɪˈventfl/ adj. 重要的；多事的
expectant /ɪkˈspektənt/ adj. 期待的；预期的
suppose /səˈpəʊz/ vt. 假设；认为
stream /striːm/ n. 溪流；流动
motion /ˈməʊʃn/ n. 动作；移动；手势
attention /əˈtenʃn/ n. 注意力；关心
finger /ˈfɪŋɡə(r)/ n. 手指；指针，指状物
mystery /ˈmɪstri/ n. 神秘
flow /fləʊ/ v.（使）流动，涌流
n. 流动；供应；流量
awaken /əˈweɪkən/ vt. 唤醒；唤起；使……意识
soul /səʊl/ n. 灵魂；心灵；精神
be swept away 被消除，被清除
youth /juːθ/ n. 青年；青春；青少年时期
thanksgiving /ˌθæŋksˈɡɪvɪŋ/ n. 感恩
hunger /ˈhʌŋɡə(r)/ n. 饿，饥饿；渴望
seek /siːk/ vt. 寻找；探索；搜索
peace /piːs/ n. 和平；平静；和睦
fear /fɪə(r)/ n. 害怕；担心
vi./vt. 害怕；敬畏；为……担心
withhold /wɪðˈhəʊld/
vt. (-withheld, -withheld) 保留；克制
expectation /ˌekspekˈteɪʃn/ n. 期望；预期
absence /ˈæbsəns/ n. 没有；缺席；不注意
purpose /ˈpɜːpəs/ n. 目的；用途；意志
spirit /ˈspɪrɪt/ n. 精神；心灵；情绪
unprofitable /ʌnˈprɒfɪtəbl/ adj. 无益的
encourage /ɪnˈkʌrɪdʒ/ vt. 鼓励，激励
lead /liːd/ vt. 领导；引导
whenever /wenˈevə(r)/ conj. 无论何时
doubt /daʊt/ n./v. 怀疑；疑惑
method /ˈmeθəd/ n. 方法；条理
bright /braɪt/ adj. 明亮的；欢快的
outside /ˌaʊtˈsaɪd/ n. 外部；外观

adv. 在外面

guide /gaɪd/ *n.* 指南；向导 *vt.* 引导

pleasant /ˈpleznt/ *adj.* 令人愉快；和蔼可亲的

attitude /ˈætɪtjuːd/ *n.* 态度；看法；意见

bring /brɪŋ/ *vt.* 拿来；带来；促使

yet /jet/ *adv.* 还，尚（用于否定句），已经（用于疑问句）

conj. 然而；但是

wander /ˈwɒndə(r)/ *vi.* 徘徊；游荡

roar /rɔː(r)/ *n./v.* 咆哮；吼

trusty /ˈtrʌsti/ *adj.* 可靠的；可信任的

good-will /ˈgʊdˈwɪl/ *adj.* 亲善的；友好的

n. 友好

Chapter 5

graduation /ˌgrædʒuˈeɪʃn/ *n.* 毕业；毕业典礼

graduate /ˈgrædʒuət/ *n.* 大学毕业生

v. 获得学位（尤指学士）

article /ˈɑːrtɪkl/ *n.*（报刊上的）文章；论文

available /əˈveɪləbl/ *adj.* 可获得的；可购得的；可找到的；有空的

availability /əˌveɪləˈbɪləti/ *n.* 可利用；可用性；有用（效）性

aspect /ˈæspekt/ *n.* 方面；层面；样子；外观；外表；朝向；方位

in all aspects 在各方面；在各个方面

dull /dʌl/ *adj.* 枯燥无味的；无聊的

v. (-dulled，-dulled)（使）变麻木；使迟钝

trunk /trʌŋk/ *n.* 树干；象鼻；大箱子

plain /pleɪn/ *n.* 平原

adj. 清楚的；明显的；浅白的；坦诚的

adv.（用于强调）简直，绝对地

barber /ˈbɑːrbər/ *n.*（为男子理发、修面的）理发师；（男子）理发店

spread /spred/ *n.* 传播；散布；扩展；蔓延

v. (-spread，-spread) 展开；摊开；伸开

spread with 用……涂满

spread about 广泛散布

spread abroad 传布，公开

go about 着手干；做；处理；从事，进行（日常活动）；（经常）穿……

rust /rʌst/ *v.*（使）生锈

n. 锈；铁锈；（植物的）锈病；锈菌

motto /ˈmɑːtoʊ/ *n.* 座右铭；格言；箴言

adopt /əˈdɑːpt/ *v.* (-adopted，-adopted) 收养；领养；采用（某方法）；采取（某

态度）；正式通过，表决采纳（建议、政策等）

toil /tɔɪl/ v. (-toiled, -toiled) （长时间）苦干，辛勤劳作；艰难缓慢地移动；跋涉
n. 苦工；劳累的工作

recreation /ˌriːkrɪ'eɪʃn/ n. 娱乐；消遣；游戏

spare /speər/ adj. 不用的；闲置的；备用的；外加的；空闲的；空余的
v. (-spared, -spared) 抽出；留出；免去；饶恕；赦免；使逃脱
n. 备用品；备用轮胎

spare change 多余的零钱

spare equipment 备用设备

instead of prep. 代替；作为……的替换

astronomer /ə'strɑːnəmər/ n. 天文学家

inconstant /ɪn'kɑːnstənt/ adj. 易变的，无偿的

unremitting /ˌʌnrɪ'mɪtɪŋ/ adj. 不停的；不懈的；持续不断的

vigilance /'vɪdʒələns/ n. 用心，小心谨慎

vigilant /'vɪdʒɪlənt/ adj. 警觉的；警戒的

Chapter 6

in shape of /ʃeɪp/ 是……的形状

butterfly /'bʌtəflaɪ/ n. 蝴蝶

tip /tɪp/ n. 尖端

shore /ʃɔː(r)/ n. 海滨

dye /daɪ/ v. 染；把……染上颜色；被染色

vast /vɑːst/ adj. 广阔的；巨大的；大量的

stream /striːm/ n. 溪流

eagle /'iːgl/ n. 鹰

strike /straɪk/ v. 撞击；踢（球等）；突击

shallow /'ʃæləʊ/ n. 浅滩

strive for 争取，奋斗

boundless /'baʊndləs/ adj. 无限的；无边无际

master /'mɑːstə(r)/ n. 主人；主宰者

a host of 许多，一大群

bearing /'beərɪŋ/ n. 关系；方位；举止

talent /'tælənt/ n. 才能；天才；天资

beat /biːt/ v. 打；打败

dash /dæʃ/ v. 猛冲；猛撞，猛击

gently /'dʒentli/ adv. 轻轻地；温柔地

pure /pjʊə(r)/ adj. 纯的；纯粹的；纯洁的

sparkle /'spɑːkl/ v. （使）闪耀；（使）发光

precious /'preʃəs/ adj. 宝贵的；珍贵的

unique /ju'niːk/ adj. 独特的，独一无二的
stand out 突出；显眼
decade /'dekeɪd; dɪ'keɪd/ n. 十年，十年期
century /'sentʃəri/ n. 百年；世纪
realize /'riːəlaɪz/ v. 理解；领会；认识到
silence /'saɪləns/ n. 无声；沉默
despair /dɪ'speə(r)/ n. 绝望
opportunity /ˌɒpə'tjuːnəti/ n. 机会；时机
seize /siːz/ v. 抓住；夺取；理解；逮捕
purpose /'pɜːpəs/ n. 意图；目的
cautious /'kɔːʃəs/ adj. 谨慎的；十分小心的
promise /'prɒmɪs/ n. 诺言；许诺
state /steɪt/ n. 状态
matter /'mætə(r)/ n. 物质；事件
quality /'kwɒləti/ n. 质量，品质；才能
adventure /əd'ventʃə(r)/ n. 冒险；冒险精神
ease /iːz/ n. 容易；舒适；安逸
desert /dɪ'zɜːt/ v. 遗弃；舍弃，离弃
ideals /aɪ'dilz/ n. 理想
wireless /'waɪələs/ adj. 无线的；无线电的
so long as 只要
wave /weɪv/ n. 行动（或思想）态势；心潮
reap /riːp/ v. 收割（庄稼）
track /træk/ n. 足迹，踪迹
lie /laɪ/ v. 躺；位于（过去式 lay; 过去分词 lain; 现在分词 lying）
slender /'slendə(r)/ adj. 细长的；苗条的
furnish /'fɜːnɪʃ/ v. 提供；供应；装备
value /'væljuː/ n. 值；价值；价格
enjoyment /ɪn'dʒɔɪmənt/ n. 享受；乐趣
sorrow /'sɒrəʊ/ n. 悲伤；悲痛；不幸
farther /'fɑːðə(r)/ adj. 进一步的；更远的
however /haʊ'evə(r)/ adv. 无论如何；不管怎样；然而；可是
present /'preznt/ n. 礼物；现在，目前
remind /rɪ'maɪnd/ v. 提醒；使想起
depart /dɪ'pɑːt/ v. 离开；出发；违反；去世
footprint /'fʊtprɪnt/ n. 足迹；脚印

参考文献 Bibliography

Appendices

[1] 王国维. 人间词话［M］. 吴详, 注释. 呼和浩特: 内蒙古人民出版社, 2003.

[2] 顾城. 顾城的诗［M］. 北京: 人民文学出版社, 1998.

[3] ［俄］普希金. 普希金抒情诗精选集［M］. 穆旦, 译. 北京: 当代世界出版社, 2009.

[4] ［英］Bacon, Francis. Selected Essays［M］. Beijing: Foreign Language Teaching and Research Press, 2020.

[5] 黄新渠. 英美抒情诗选萃［M］. 成都: 四川人民出版社, 1998.

[6] ［美］狄金森. 狄金森诗选［M］. 江枫, 译. 北京: 中央编译出版社, 2004.

[7] ［美］欧内斯特·米勒尔·海明威, ［美］亨利·戴维·梭罗, 等. 穿指流沙细数年华——那些发人深省的英语哲理美文［M］. 南玉祥, 译. 南京: 江苏凤凰科学技术出版社, 2015.

[8] 孙蓓. 生命的驿车［M］. 北京: 外语教学与研究出版社, 1994.

[9] 陶洁. 美国文学选读［M］. 3版. 北京: 高等教育出版社, 2011.

[10] 王守仁. 英国文学选读［M］. 2版. 北京: 高等教育出版社, 2005.

[11] 杨传纬. 美国诗歌选读［M］. 北京: 北京师范大学出版社, 1992.

[12] 赵又廷. 在所有声音中, 我倾听你［M］. 北京: 中信出版社, 2017.

[13] 朱明炬, 谢少华, 吴万伟. 英汉名篇名译［M］. 南京: 译林出版社, 2010.

[14] ［英］威廉·莎士比亚. 哈姆雷特［M］. 朱生豪, 译. 广州: 花城出版社, 2016.

[15] 朱振武. 英语名篇夜读精华［M］. 上海: 华东理工大学出版社, 2015.

[16] Blaise Pascal; T S Eliot. Pensées (Thoughts)［EB/OL］.［2020-07-30］. http://sqapo.com/complete_text_pascal_pensees.htm.

[17] 应惠兰. 新编大学英语3: 综合教程［M］. 北京: 外语教学与研究出版社, 2012.

[18] ［黎巴嫩］纪伯伦. 纪伯伦诗选［M］. 冰心, 译. 北京: 外语教学与研究出版社, 2011.

[19] ［美］Joanna Fuchs. A Teacher for All Seasons［J］. 新东方英语（中学版）,

2007（9）：1.

［20］罗经国．新编英国文学选读（上）［M］．2版．北京：北京大学出版社，2005．

［21］［印］泰戈尔．泰戈尔诗选［M］．上海：生活·读书·新知三联书店，2009．

［22］马钟元．每天读点英文背诵名篇佳作全集［M］．北京：中国宇航出版社，2012．

［23］乔萍，瞿淑蓉，宋洪玮．散文佳作108篇［M］．南京：译林出版社，2003．

［24］［爱尔兰］威廉·巴特勒·叶芝．叶芝诗选［M］．傅浩，译．北京：中国宇航出版社，2019．

［25］李泽厚．论语今读［M］．合肥：安徽文艺出版社，1998．

［26］史铁生．史铁生散文［M］．北京：人民文学出版社，2007．

［27］陆襄．唐诗三百首［M］．上海：上海远东出版社，2011．

［28］叶倾城．倾城十年散文集［M］．北京：文化艺术出版社，2010．

［29］林徽因．人间四月天［M］．北京：中国工人出版社，2018．

［30］汪国真．友情是真知［J］．中国少年文摘，2015（8）：25．

［31］刘再复．开放在小河边的微笑［J］．小学教学研究，2012（15）：27．

［32］叶橹．中国现代诗歌名篇赏析［M］．北京：光明日报出版社，2010．

［33］冯文林．别具一格的叙述和描写艺术［J］．中学语文园地，2008（6）：13-14．

一、文言文朗读

文言文朗读和现代文朗读一样，首先要读准字音，特别注意停顿、语速、重音、语气。

1．读准字音：

注意文言文特有的异读字。

2．停顿：

文言文句子的朗读停顿往往在主谓之间或动宾之间。可以按标点符号停顿；若没有标点符号处，为加强语气、阐明观点、表达感情，也应作强调停顿。

3．语速：

基调是激动、欢快、紧张，思想感情慷慨激昂、豪迈奔放时，语速要相对快一些；基调是痛苦、悲伤、低沉、抒情时，语速要相对慢一些。

4．重音：

（1）做谓语的动词要重读。

例："为人师者众笑之"

（2）表示性状和程度的状语、定语、补语要重读。

如"岛不觉冲至第三节"

"不顾父母之养"

"伯牙游于泰山之阴"

（3）疑问代词、指示代词要重读。

如"吾欲从师，可从者谁？""知其世家"

另外，句子中某些重要突出或强调的词语常常也需要重读，这是因不同的语境而定的。

5．语气、语调：

古汉语中的语气同现代汉语一样，有陈述语气、疑问语气、祈使语气、感叹语气，应读出句子的特有语气。

疑问语气读升调，感叹语气读降调。

二、古代诗歌（格律诗）朗读

1．格律诗，指中国古典五言、七言的绝句和律诗。

2．中国古典诗歌的节奏比较规整，节拍感很强，它们都体现在语节上。朗诵前，应参照诗句的具体语义及每行字数划分为一定规格的语节（如，五言23节律、七言43节律）。

如：《观书有感》（其一）

半亩方塘——一鉴开，

天光云影——共徘徊。

问渠那得——清如许？

为有源头——活水来。

三、现代诗歌朗读

1．深刻理解诗歌的思想内容，准确把握诗歌的情感基调。

2．根据情感的需要，掌握朗读的语速。

（1）表现的内容是欢快的、激动的或紧张的，速度要稍快一些。

（2）表现的内容是悲痛的、低沉的或抒情的，速度要稍慢一些。

（3）表现的内容是平铺直叙的，速度就要力求平稳、不紧不慢。

3．根据诗歌意境，确定轻读、重读及声音的长短。

把握好诵读的"轻、重、缓、急"，恰当地分好"音步"，产生鲜明的节奏感，才能将诗歌的情感强调出来，才能将诗歌的韵味体现出来。

4．根据语境，正确处理诗句的停顿。

一般说来，顿号后的停顿最短，逗号后的停顿长一点，分号和冒号后的停顿再长一点，句号、问号、感叹号和省略号后的停顿更长一些。

四、散文阅读

1．感情要真实

朗读散文应力求展示作者倾注在作品中的"情感"，充分表现作品中的人格意象。

2．表达要有变化

散文语言自由舒展，表达细腻生动，抒情、叙述、描写、设计相辅相成，对不同语体风格要区别处理。

叙述性语言的朗诵要语气舒展，声音明朗轻柔，娓娓动听；描写性语言要生动、形象、自然、贴切；抒情性语言要自然亲切、由衷而发；议论性语言要深沉含蓄、力透纸背。